人間形成としての教養

ハンガリー、フィンランド、日本における
ドイツ的理念の受容と将来展望

高橋輝暁［編］

春風社

獨協大学創立50周年記念

目次

まえがき

高橋輝暁

「大学は学問を通じての人間形成の場である」——これは獨協大学が建学の理念として掲げる創立者天野貞祐の言葉だ。ここにある「人間形成」とは、もともと大正時代に「教養」と和訳されたドイツ語「ビルドゥング」（Bildung）に基づく。だから、「教養」は「人間形成」の営みであって、決して「積み重ねられた知識」ではない。そのような誤解を防ぐために、本書では必要に応じて、したがってその標題でも、「人間形成としての教養」と言う。

二〇一四年に創立五〇周年を迎えた獨協大学は、その記念事業の一環として同年九月二〇日に公開シンポジウム「獨協大学とドイツ由来の教養理念——グローバル時代の人間形成と生涯学習を考える——」を開催した。その目的は、次の四点に集約できるだろう。すなわち、建学の理念の中核をなす人間形成としての教養について、（1）その由来と意味を、獨協大学創立者天野貞祐の著作はもとより、そのもとになったドイツ語「ビルドゥング」の概念史的由来にまでさかのぼって解明する、（2）日本における、とりわけ獨協大学におけるその歴史的意義を検証する、（3）同じくドイツから人間形成としての教養の理念を受容した東部ヨーロッパのハンガリーとフィンランドにおいてそれが果たしてきた役割を尋ねる、（4）グローバル化した二一世紀において人間形成としての教養の理念が果たす役割とその将来的可能性を探る。「教養の死」がさまざまな言葉で語られて久しい今日の日本にあっては、野心的とも思われるこの課題に取り組むために、ドイツ、ハンガリー、フィンランドからこのテーマに通暁した識者を招いた。加えて学内外の研究者の参加も仰ぎ、公開シンポジウムに先立つ九月一八日と一九日の二日間にわたって開催されたのが、国際専門家会議だ。そこでの討論を踏まえて、公開シンポジウム当日では、前半を七つの講演にあて、後半はフロアからの質問への応答も含めたパネルディスカッションで議論を深めた。

したがって、国際専門家会議と一般公開シンポジウムとは、同一の総合テーマ「獨協大学とドイツ由来の教養理念」のもとに組まれた一連のプログラムだった。国際専門家会議の議論とその成果を、学術の世界に閉じ込めるのではなく、学生から市民にまで輪を広げて、人間形成としての教養について一緒に考えるきっかけとするべく構想されたのだ。そもそも、「人間形成としての教養」については、いわゆる専門家の議論に任せておくべき問題ではない。獨協大学の建学の理念について天野貞祐初代学長も「人間形成はもともと人間一生の仕事であって、種々の方法によって行われる［…］大学は学問を通じての人間形成の場である」（『天野貞祐全集』第5巻一〇三頁）と記している。「教養」とは「人間形成」のことなのだから、それは、人間が生きることそのものにほかならない。ここにこそ、「教養」についての議論が一般公開されるべき理由が、そして、この討論の成果を収録した本書が公刊される理由もあるのだ。

日本語による本書と同時にそのドイツ語版がドイツの出版社カール・アルバー（Verlag Karl Alber）から刊行される。本書公刊のきっかけとなった国際専門家会議と公開シンポジウムにおいても、日本語とドイツ語の二言語で議論が進められた。その過程で、議論の内容には、ドイツ語圏はもちろん、ドイツから人間形成としての教養の理念を受容した各国においても、参考になる点が数多くあることに改めて気づくことになる。日本の高等教育において人間形成としての教養が果たしてきた、そして果たしている役割を認識することは、ドイツをはじめ、ドイツ文化の影響を少なからず受けてきた地域にとっても重要だというのだ。このドイツ的理念に関心のある読者を想定するのであれば、それに相応しい言語は、英語よりも、ドイツ語にちがいない。それに加えて、あるいはそれゆえに、ヨーロッパから招かれた論者の原稿が、すべてドイツ語だったこともあって、ドイツ語版の同時刊行が決まった。

　ドイツ語原稿を日本語で読めるようにするにあたっては、いわゆる直訳は避けた。というより、ドイツ語原稿の内容を、日本語で書き直したと言うべきかもしれない。しかも、日本語の読者は、ドイツ語の筆者が想定する読者と異なる予備知識と期待をもつ。だから、必要な情報を追加したほか、不要と思われる箇所を削除もした。これはもう「超訳」をも超えているかもしれない。その分、日本語版は日本語の読者にカスタマイズされているので、理解しやすく、字句通りの訳文よりも原文の意味が良く伝わるはずだ。しかも、第二章と第三章は、ドイツ語版の原稿とは別に用意してもらった日本語版用のドイツ語原稿に基づいている。こうした事情があるので、ドイツ語版を繙《ひもと》いても、必ずしも屋上屋を重ねることにはならないだろう。そのときのために、ここにドイツ語版の書誌データを記しておく。

Bildung nach Humboldt. Erfolg, Krise und Zukunft einer Idee in Ungarn, Finnland und Japan. Zum 50-jährigen Jubiläum der Dokkyo Universität zu Soka. Hrsg. von Teruaki Takahashi u. Tilman Borsche. Freiburg / München: Verlag Karl Alber 2018 (= *CONTRASTE* Bd. 2).

　本書が、人間形成としての教養についての理解を深め、二一世紀にあって、グローバル化と多文化共生の時代に相応しい人間形成としての教養の展望を開くよすがとなれば、各執筆者はもとより、編者にとってもこれに勝る喜びはない。

二〇一八年二月二〇日

高橋輝暁

序章　人間形成としての教養をめぐる本書の議論を俯瞰する

高橋輝暁

ここでは、本書に収められた各論考について、主要な論点に注意を喚起する。それとともに、各論考を、それら相互の関連をも指摘することで、本書全体の中に位置づけておきたい。それによって、本書を読むときに、二一世紀に有効な人間形成としての教養を考える手がかりの発見が、容易になるかもしれないからだ。

人間形成としての教養の理念の理解には、その翻訳元のドイツ語「ビルドゥング」(Bildung) の理解が欠かせない。ドイツでこの理念を大学に導入しようとしたのは、ベルリン大学創設の立役者ヴィルヘルム・フォン・フンボルト (Wilhelm von Humboldt, 1767–1835) だと言われる。その教養概念について論じたボルシェ教授の「人間形成としての教養――豊かな伝統をもつ将来的課題」によれば、「自由」と「批判能力」と「人間性」が人間形成としての教養の理念を構成する三要素にほかならない。自己を形成しようとする意志の自由と既成の自分を常に吟味する自己批判の能力とが、教養の前提になる。

そのうえで、人間形成の究極目標は「人間性」にあり、何が人間的であるかは、人間共同体の中で絶えず議論され続けるべき課題だというのが、ボルシェ教授の解釈だ。人間性の意味は、時代によっても、また、文化圏によっても、さらには社会的集団によっても、それぞれ異なるからだ。つまり、「教養」は孤立した個人だけの問題ではなく、優れて社会に根ざす。この指摘により、フンボルトを含めて当時のドイツにおける「人間性」という概念の意味を「完成された調和的人格を身につけた個人」のように捉えてきた従来の通説は、完全に覆される。人間形成としての教養の概念に関するこうした基本的な分析に基づいてボルシェ教授が提唱するのは、「人間形成としての教養の理念を掲げる未来の大学のための五原則」（本書三一頁以下）だ。これを踏まえることは、二一世紀の大学が「学問を通じての人間形成の場」となるための必須の要件にちがいない。

「ハンガリーにおけるドイツの教養理念の受容と展開」を論じるセンディ教授は、ハンガリー文化にアジアの文化の痕跡を指摘して、日本音階と共通する五音音階にも及ぶ。とはいえ、確かなのは、現代までのハンガリーの文化的基盤がその源泉をヨーロッパの文化と文明と共有することだ。一九世紀から第二次世界大戦までは、ハンガリーでもとりわけドイツ文化の影響が大きかったと言うセンディ教授は、イギリスやフランスの影響も否定しない。この経緯を知ると、明治以来の日本の近代化のプロセスと類似する点が、何よりも学問の領域でいくつも思いあたる。ソ連の崩壊でそのマルクス主義の束縛から解放されたハンガリーでは、人間形成としての教養を学修の目的としたペーチ大学の挑戦が、新しいモデルとなった。しかし、それも一時のことで、この試みは財政的理由で頓挫し、グローバル化の一環でヨーロッパの大学を共通化するボローニャ・プログラムが導入されると、大学は一気に「市場原理」の波に洗われる。ヨーロッパにおける大学発祥の地ボローニャでの合意に基づくこの大学政策の結果、ハンガリーの大学は学問による人間形成ではなく、もっぱら職業教育の場になりつつあるというのだ。

この点では、OECD（経済協力開発機構）の学習到達度調査PISAで世界一になったフィンランドも事情は同じで、「フィンランドにおける教養理念と新大学法」を論じるロイター教授も大学における教養の将来について楽観していない。ただ、フィンランドでは一九世紀の哲学者にして教育学者、そして政治家でもあったスネルマン（Johan Vilhelm Snellman, 1806–1881）の教養思想が、つい最近まで広く支持されていたという。その教養理念が目指すのは、自律して考える人間であり、伝統を批判的に継承して社会に有益な新しい知を創造する人間だ。それは知的エリートに限らず、誰もが目指すべき人間形成の目標とされ、大学での研究、教育、学習は自己目的ではなく、国の福利と進歩に資することが求められる。これは、未来を見据えた私たちの教養論議にも新しい観点を加えてくれる思想のようだ。ところが、このスネルマンに発する伝統がボローニャ・プログラムの導入によって危機に瀕《ひん》しているという。

ハンガリーとフィンランドに共通する教養理念の危機がボローニャ・プログラム導入に起因するなら、それを導入したヨーロッパ全体にも、この危機は及んでいるのだろう。人間形成としての教養の危機は、ドイツで「精神科学」とも称する人文系学問全体の危機にも直結する。「教養概念［…］というのは、一九世紀の精神科学を養う土壌のことだ(1)」と記したのは、二〇世紀のドイツにあって人文系学問を理論的に根拠づけたガーダマー（Hans-Georg Gadamer, 1900–2002）で、この哲学者の言葉は、今日の「精神科学」、すなわち人文系学問にもそのまま妥当するからだ。とはいえ、一九九〇年代のハンガリーにおけるペーチ大学のモデルにも、フィンランドにおけるスネルマンの遺産にも、人文系学問とそれを養う教養理念を極端な「市場原理」から解放して、その将来的可能性を展望するための手がかりがありそうだ。

ドイツ語の「ビルドゥング」の原義は「形づくること」で、「形成」一般を指す。ところが、一八世紀後半になって、人間を「形成」するという意味での「人間形成」がその第一義となる。この意味の変遷は、「文化」概念との競合と相互補完の関係から生じたのだ。エルバーフェルト教授の「文化と形成——キケロから西田幾多郎にいたる文化概念の変遷——」は、一八世紀ドイツにいたって「文化」と「形成」または「人間形成」すなわち「教養」とに分化した文化概念を、古代ローマの思想家キケロ（Marcus Tullius Cicero, 106 BC–43 BC）にさかのぼって、概念史的に分析する。それによると、「文化」を意味するドイツ語「クルトゥーア」（Kultur）の複数形が登場したのは一九世紀半ばだという。それまでは、西洋文化を絶対的基準として、それと異なる文化をことごとく誤りまたは未開として排除する一元的西洋中心主義が当然のこととして通用していた。文化を複数形で考えられるようになって初めて、この独善的西洋中心主義からの解放と異文化の承認が可能となる。それは、多文化共生の前提だから、さまざまな文化の相互交流だけでなく、激しい衝突をも生んでいる二一世紀のグローバル化した世界にとって焦眉の問題だ。

エルバーフェルト教授によれば、一八世紀ドイツの哲学者カント（Immanuel Kant, 1724–1804）の言う教養は、個人の素質を伸ばすことに限定されていた。ところが、カントの弟子でもあるヘルダー（Johann Gottfried Herder, 1744–1803）にあっては、各個人だけでなく、各民族の、そして全人類の歴史も人間性を目指して自己形成する過程だ。ヨーロッパのキリスト教文化に根ざすこのヘルダーに対して、ヨーロッパ圏外にある日本の視点から人類の歴史を解釈した点に西田幾多郎（一八七〇〜一九四五）の現代的意義を認めるエルバーフェルト教授は、西田にとって個人と文化と人類全体とは弁証法的な相互作用の中で自己形成する点を強調する。「諸文化の哲学において諸個人の形成、諸文化の形成および人類の形成とを結合して、動的な諸文化が相互に働き合う共同体を構想した」（本書九一頁）点で、西田幾多郎の歴史哲学が教養概念に今日的な新しい地平をひらいたと評価するのだ。

天野貞祐（一八八四〜一九八〇）の教養思想にもこの弁証法的相互作用の考えが認められることに着目するのは、松丸壽雄教授（現在は名誉教授）の「獨協大学創立者天野貞祐と教養教育」だ。そこで指摘されるのが、西田幾多郎の概念を借りて語る天野の著作の一節、すなわち「人間は創造的世界の創造的要素として世界の創造に参与する」（本書一〇三頁）だ。自然あるいは世界が人間のあり方を作るとすれば、人間の側も同時にこの変化の過程に参画し、自然を、そして世界を作り変える。自然あるいは世界が主体的に作る面と人間が主体的に作る面とが、表裏一体となって人間形成としての教養の営みを構成しているわけだ。「創造的世界の創造的要素」であるとの自覚をもち、「創造すること」と「創造されること」の両者を媒介する「中点」に、すなわち「中庸」に立つ。これが天野のいう「教養のしるし」で、この「中庸」に立つことの「要《もと》め」を「道理」として受けとめるのが「道理の感覚」だ。このように松丸教授は解釈する。いずれにしても、この「道理の感覚」の育成が人間形成としての教養のひとつの側面であることに、間違いはないはずだ。

松丸教授は、天野の教養思想の核心をなす「道理」の概念を東洋思想との関連で詳細に説明する。それに対して、斉藤渉准教授の「道理と人格――天野貞祐の教育論における二つのアスペクト――」は、「道理」の概念と西洋哲学の「理性」とに認められる共通性に重点を置く。その文脈にあるのが、「道理の概念こそ、天野にとって、学問が単なる主観的な思いこみ以上の妥当性をもちうる根拠となる」（本書一二九頁）との指摘だ。とはいえ、天野の「道理」と西洋哲学の「理性」との違いも踏まえて、斉藤准教授は「道理は真理、正義ないしは美のような価値に依拠している」（本書一二八頁）とも記す。「道理」のこのような理解は、松丸教授が「道理の感覚」を言い換えて、「知情意の全体」で「道理」を受けとめる「感覚」、すなわち、「道理」の「全体性に対するセンス」だと解釈（本書一一四頁）するときの「道理」にも通底するにちがいない。

この人間と世界との相互作用の関係を、天野はまた、個人と国家との関係に適用しているようだ。斉藤渉准教授によれば、戦後になって「修身科の復活」を提唱した天野は、「国家と個人の関係を、相互に独立した物同士の対立としてではなく、むしろいわば二つの重なり合う同心円同士の関係として理解している」（本書一三四頁）からだ。まさにここにおいて個人と国家との関係をうまく媒介するのが「学問を通じた人間形成」だという。天野が学問と道徳を単数の個人としての自己に結びつけながらも、「道理」を基準に自己だけでなく、他人や社会をも批判する人間像を提唱した天野の主著『道理の感覚』に、斉藤准教授は人間相互の「コミュニケーション」への志向を確認している（本書一三五頁）。ボルシェ教授の指摘に従って、何が人間的であるかについて人間共同体の中で絶えず議論し続けるためにも、天野流に言えば、「道理の感覚」の涵養と育成が不可欠なのかもしれない。

天野貞祐の言う「人間形成」としての教養の理念とヨーロッパの大学で進行しているボローニャ・プログラムによる教養の危機の問題とを架橋するのが、浅山佳郎教授の「獨協大学外国語学部における教養教育」だ。獨協大学の外国語学部において、そこから二〇〇七年に改組分離した国際教養学部が誕生するまで、教養教育と専門教育の両極の間で揺れ動いてきた経緯をたどることで、外国語学部の教育を専門教育化することとの矛盾があぶり出される。獨協大学では、一九九〇年代の「脱教養」の流れの後、二〇〇三年のカリキュラム改訂では、ふたたび教養主義が認知され、国際教養学部の誕生もこの教養主義の復活にあることが検証されるのだ。

ここに天野貞祐初代学長の考えた大学の実現を目指し、職業と関係のある学問分野を専門とするのではなく、「学問を通じての人間形成」を主眼とする大学の実現を求める「ひとつの挑戦」（本書一五六頁）がある。これは、浅山教授の卓見と言わねばならない。しかも、これはまさに、ボルシェ教授が大学の現在と将来の課題で指摘したあの「人間形成としての教養の理念を掲げる未来の大学」（本書三一頁以下）の姿とも少なからず符合する。この「未来の大学」に必要なのは、かつて「哲史文」と称された人文的学科群であり、それをグローバル化した二一世紀の国際社会に、そして生涯学習を必要とする高齢化社会にふさわしく変革することだろう。そのことを端的に裏づけているのは、一九九〇年代からの日本で人文系においても新たな名称の学問を掲げた学部や学科が登場している事実にほかならない。

自分とは異なる世界観や価値観をもつ異文化の人たちや異世代の人たちと交流して学び合う多文化共生の世界を実現するためには、自分を変えることも躊躇しない柔軟な個人と文化が必要だ。こう問題提起する第八章「これまでの、そして、これからの人間形成としての教養——グローバル化と多文化共生の時代のために——」は、明治以来の近代化の過程における日本の大学の歴史を振り返るにあたって、とりわけ私立大学において人間形成としての教養の理念が果たしてきた役割に注目する。二〇世紀初期の大正時代にドイツから移入された人間形成としての教養の理念は、旧制高等学校を中心に根づき、それが戦後の学制改革を経て、一九九一年の大学設置基準の大綱化にはじまる大学改革まで生き延びた。

こうした歴史的経緯を検証して、その後に起こった教養理念の危機を指摘、そしてその再生の可能性を構想するのが、第八章の趣旨だ。そこでは、二一世紀のグローバル化と多文化共生の時代に相応しいハイブリッドな人間像が人間形成としての教養の目標として提案される。それは、二一世紀の世界にあって何が人間的であるかについての議論を起こす具体的な提案とも言えよう。はからずも、それは「人間形成としての教養の理念を掲げる未来の大学」（本書三一頁）の条件を提示するボルシェ教授の問題提起への応答にもなるはずだ。

そこで強調しておくべきは、多文化共生が地理的文化圏の相異に基づくだけでなく、同一文化圏内での世代間の相異、さらには帰属集団の相異に基づくそれも含んでいることだ。ここに高齢化社会における人間形成としての教養の役割も生じる。「人間形成はもともと人間一生の仕事」という天野貞祐の認識にとって格好の出番がここにあると言ってもよい。第八章は、ここに人間形成としての教養の理念が二一世紀に果たすべき役割を指摘し、その将来的展望を開く試みでもある。

本書は、最後に二編の付論を収めている。付論Ⅰ「文化、学問、教養、人間形成——四概念の関係を概念史的に繙く——」は、人間形成としての教養を論じるにあたって鍵となる概念を説明するものだ。だから、こうした議論に不慣れな読者は、これを最初に読んでおくとよいかもしれない。本書の議論を知ったうえでこれを読めば、その内容を主要概念の再確認に基づいて整理することになるだろう。とはいえ、これらの概念について古代中国の伝統における用法にも論が及ぶから、本論にはない新しい観点も含まれている。

人間形成としての教養というドイツ的理念が獨協大学の建学の理念になった経緯を理解するためには、獨協大学の起源、すなわち獨逸《どいつ》学協会の発足と獨逸学協会学校の歴史をたどる必要がある。その意味で獨協大学とドイツとの関係の歴史と現状を明らかにするのが、付論Ⅱ「獨協大学とドイツ——獨逸学協会の歴史から繙く——」の趣旨だ。その観点から、獨協大学のキャンパスを解釈する試みのために、若干の写真も掲載してあるので参照されたい。

このように本書に所収の各論考は相互に有機的な関連をもっている。とはいえ、各論考をそれぞれ独立した文章としても読めるように、相互に重複する箇所も、あえて残した。重複箇所は各論考間の呼応関係の現れでもあるので、本書の有機的連関を捉える手がかりとなるにちがいない。同じ内容でも文脈が異なれば、意味も変化する。裏返して言えば、別の文脈で読んだほうが分かりやすいこともあるから、それが理解しにくい箇所を読み解く鍵になることもあろう。これらが、重複をいとわなかった理由だ。(2)

註

1 Gadamer, Hans-Georg: *Wahrheit und Methode. Grundzüge einer philosophischen Hermeneutik.* Tübingen 1960, S. 7.

2 高橋輝暁「創立五十周年記念事業　獨協大学とドイツ由来の教養理念――グローバル時代の人間形成と生涯教育を考える――」(獨協大学総合企画部編『獨協大学学報』二〇一四年度第三一号(獨協大学)二〇一五、一九~二二頁)を参照して、新たに書き直したのが本章である。

第一章

人間形成としての教養——豊かな伝統をもつ将来的課題

ティルマン・ボルシェ
訳＝中山純／高橋輝暁

一　現在の教育機関における人間形成としての教養の場

人間形成としての教養——この日本語の原語とされるBildung（ビルドゥング）というドイツ語には、その今日的用法だと、広い一般的な意味と狭い特殊な意味とがある。たとえば「教育機関」のことをいう*Bildungs*institution（ビルドゥングス・インスティトゥツィオーン）あるいは「教育制度」を意味する*Bildungs*system（ビルドゥングス・ズィステーム）などの複合語は、今日の政治的議論でずいぶん頻繁に使われている。そのときBildungはきわめて広い意味で理解されており、英語のeducationすなわち「教育」と類似した意味をもつ。Bildungsinstitutionは、英語でeducational institution（教育機関）という概念で包括される公的および私的機関のすべてを指す。しかも、それぞれの教育機関が想定している利用者による、あるいは教育機関の形態や内容による区別はない。一般に広く普及しているこの意味でのBildungという概念は、しかし、本日のテーマではない。「ドイツ由来の教養理念」について語るというのだから、私たちは Bildung の狭い特殊な意味について考えようとしているのだ。Bildung のこの特殊な意味、すなわち人間形成としての教養について論ずるにあたって、まず明確にしておかねばならないのは、人間形成としての教養が意味するところは、「学校教育」でも、「職業教育」でもないという点だ。「教育」と言うときは、それがすべてではないとしても、主としてその「教育」を受ける人間の社会的対応能力を伸ばすことに主眼がある。それは、英語では behavioral training（行動の訓練）という。また、「職業教育」の目的は、職業に必要な技能の向上だ。これは、英語で言う professional training（職業訓練）にほかならない。これらに対して、狭義の Bildung すなわち人間形成としての教養には別の役割がある。

狭義の Bildung、すなわち人間形成としての教養を「教育」という広義の Bildung の主要な課題とするのは、ドイツに特徴的な伝統だ。それは、一八世紀から一九世紀にかけての哲学者にして政治家ヴィルヘルム・フォン・フンボルト（Wilhelm von Humboldt, 1767–1835）に遡る。プロイセンが一八〇六年にナポレオン率いる仏軍に敗北し、壊滅寸前までに追い込まれた一八〇九年に、歴史の偶然によって、その教育制度を根底から立て直す依頼を受けたのがフンボルトだ。そのとき、数十年来、教育論争の中心にあったのは人間形成としての教養か、それとも「職業教育」かという二者択一の対立だった。当時のフンボルトは、まだそうした二者択一の考え方をとってはいない。フンボルトは公文書の中で、「一般的な人間形成」と「職業教育」とを使い分けていたのだ。

前述した education すなわち「教育」という意味での広義の Bildung がそれぞれの社会と国家の経済的そして文化的発展を左右する鍵だということは、世界中で広く認知されている。したがって、その継続的な推進は、それぞれの国や社会にとっても、さらには、どの家庭や個人にとっても、基本的な課題として自明となっているのだ。この広義のBildungすなわち「教育」は、読み・書き・算盤のような文明社会の基礎能力から始まり、先進国ではいくつものステップを経て、ありとあらゆる職人的・技術的・芸術的生産工程に関する専門的訓練において、あるいはサービス産業の研修において、また大学の博士課程やポスドク教育などの学術的研究プログラムにおいて、その最高のレベルまで続く。このように組織化された教育制度は、職業教育の過程がきわめて細かく分化していることを示す。この広義のBildungすなわち「教育」は、それを受ける学習者の側からは、継続的な社会的地位の上昇を約束してくれるように見える。だから、ニーズがあるのだ。

教育制度がますます複雑になり、それぞれの教育目標も差別化と専門化がとめどなく進行していることは、世界中で広くみられる傾向だ。誰が何を求めようとも即座に応じられる。ところが、この制度の中に、狭義のBildungすなわち人間形成としての教養の余地はないようだ。とりわけ、この制度の中を駆け抜けることが許された者、駆け抜けるように定められた者、駆け抜けなければならない者にとって、人間形成としての教養のための時間がない。

日本の教育制度の伝統に関する私の理解が正しければ、この国の制度には人間形成としての教養のためにその場所とステップとが少し前まで用意されていた。若者の育成過程には、狭義のBildungのために中間的なステップが設けられていた。高校を卒業してから、そのステップを修了したうえで、医学や法学、経済学など、数多くの専門教育が、あるいはその他の、どちらかと言えば実務的な教育が始まるようになっていた。アメリカの教育にならって、この中間ステップは大学の中に設けられ、学士課程の最初の二年間をそれに割く。そのために、学部にも比肩する組織として設置された独立の部局が、いわゆる教養部にほかならない。ここに、狭義のBildungすなわち人間形成としての教養は、若い人たちの教育過程の中で明確に位置づけられ、その特別なステップだと理解されてきた。

どのような教育であってもカリキュラムが必要だというのが、まさに職業教育の論理である。だから、学校教育には決まった学習内容が必要だ。その学習内容は名称をもち、検証され、公的に認可されなければならない。しかし、人間形成としての教養の学習内容とは何だろうか。単純化して手短に言うと、日本の大学の教養部におけるカリキュラムの土台には、一九世紀ヨーロッパの「一般教養」の規範が使われたのである。この規範によって、フンボルトがBildungすなわち「人間形成」という意味で「教養」と称し、後に「一般教養」と言い換えられたことを伝えるはずであった。しかし、それはヨーロッパの、しかもヨーロッパでも、日本に教養部が設置されたときには、すでに時代遅れになっていた考え方だ。かつて存在したこの規範は、今や存在していない。少なくとも、規範化された思想や文章や人物を配して、しかもその輪郭がある程度まで明確な知の総体は、もはや存在していない。いわゆる「教養人」のすべてに必須と言える知の集成は、もはや存在していないのだ。

人間形成としての教養の規範が危機に瀕すると同時に、人間形成としての教養の理念自体も危機に陥ったのである。この人間形成としての教養という中間ステップは、日本の大学に不要なものと思われて、一九九一年に廃止された——こう聞いたときも私は驚かなかった。特定の職業におけるキャリアアップに資することが、教育のあらゆるステップに対して期待される中で、その一角をこの人間形成あるいは教養のための課程が担うのだという考えは、どうしても正当化できないからだ。だから、効率的に目的を達成するという基準で構想された教育課程において、教養課程は時間の無駄にしか思えなかったのである。

さて、この批判的な前置きに続いて、ここで提起し、説明しようと考えているテーゼをあらかじめ明確にしておくなら、それは次のようにまとめられる。フンボルトにおける人間形成としての教養の理念、すなわち、ここでいう特に「ドイツ由来の教養理念」を、（1）特定の学習の対象の一部と考え、（2）若者の職業教育における一課程としてのみ位置づけようとするなら、それはこの理念を根本的に誤解することになる。それゆえ、人間形成としての教養を、この二重の檻から解放しなければならない。次にこのテーゼを説明しよう。

二　フンボルトにおける人間形成としての教養の理念

（a）一般的なことについて——ここで、とりたてて新しいことは言わない。とはいえ、それは口を酸っぱくして繰り返し指摘しなければならないことだ。一般的に言って Bildung とは、人間形成としての教養だけでなく、広義の意味で「教育」も含めて、人間が知識と能力を身につけることを言う。私たちがここで議論しているのは、人間形成としての教養だ。狭義のこの特殊な意味における教養理念は、知識と能力の習得のほかに、その習得のやり方に関して「自由」、「批判能力」、「人間性」という三つの特徴をもっている。人間形成としての教養はまた、常に「自己形成」でもある。しかも、この「自己の形成」における「自己」とは、形成の主体であり、同時に形成の客体でもあると考えなければならない。主体としての「自己」が客体としての「自己」を形成するのだ。

自由は人間形成としての教養を身につけるための第一の前提である。自分が身につけたいと欲していることしか、私は学習を通して身につけられない。その学習は、お楽しみの学習とは関係ない。人間形成としての教養を身につけることは厳しく、多くのことを諦める必要がある。人間形成としての教養を身につけるには、それを自らの意志で望まなくてはならない。このことだけでも、人間形成としての教養は、教育や職業訓練の多くから区別される。教育や職業訓練では、その内容があらかじめ決まっているのが普通で、それは、学習者の自由によるのではなく、他者によって決められている。教育や訓練は、他者によって定められた内容を伝達する技術にほかならず、この意味でそこに自由はない。

批判能力は人間形成としての教養を身につけ始めるときには、学習者に備わっていない。それは人間形成としての教養の本質をなす目標であると同時に、人間形成としての教養を身につけるときに、そのプロセスを進める手段でもある。人間形成としての教養は自己形成でなければならず、だからこそ、批判能力にはいつも自己批判の能力が、すなわち自己を批判的に捉える能力が含まれているのだ。自分にとって新しいものは外部から与えられ、他者からの刺激を契機とする。しかし、いずれにしても、自分の経験や自分の判断による吟味と評価に耐えた内容が人間形成としての教養の糧となる。しかも、その内容については、新たな経験に基づいて、絶えず新たに批判的な吟味をしていかなければならない。

人間性はあらゆる人間形成の究極的目標である。これは、一八世紀ドイツの思想家ヘルダー（Johann Gottfried Herder, 1744–1803）の指摘する通りだ。しかし、人間性とは、どのようなことを意味するのだろうか？　ここで絶対に理解しておかねばならないのは、人間性が内容的に決まった目標を指しているのではないということだ。それゆえに、どのような科学であっても——それが人間の科学すなわち人文科学であれ、人間学であれ、あるいは宗教学であれ——その「研究成果」に基づいて、「人間性」とは何かを決められるわけではない。人間形成としての教養が形成の目標とする人間性は、むしろ、**私たちが人間的だと仮定し、それを他の人間と共有するもの、私たちが自分たちのために擁護する人間的なもの、そのすべての総称**なのだ。したがって、人間性は、その定義からして、科学が前もって提示することのできない目標設定に依拠している。また、人間性は、個人の設定する目標でもなく、それを個人が発見できるわけでもない。人間性は、精神的な過程であって、この過程は、人間を相互に結びつけて共同体を形成し、それを支え、そしてそれを導く。その過程で人間性は、絶えず新たに定義し直され、それぞれの世界と、それぞれの時代との議論を通じて修正されなければならないのだ。

人間性をこのように規定すると、今日しばしば議論される「他者性」が人間性の本質的な側面であることも説明が付く。人間の他者性とは、年齢や性別、人種や国、資産、社会的地位や学歴などの違いによって他者であることをいう。この他者性への人間的対応には、異なるものに対する寛容が必要なだけでなく、他者に耳を傾け、他者から学ぶ用意が、最終的に理解できなかったことに対する敬意がなければならない。というのも、人間的なものの多くは、理解されないままだからだ。

(b) 人間形成としての教養の場——教養は知識として学ぶものではなく、修練するものである。教養は理論的な知識ではなく、実際的な能力であり、姿勢であり、つまりは生き方だ。そう考えると、古い問いが改めて提起されねばならない。すなわち、今日の私たちが用意している教育機関の枠組みの中に、人間形成としての教養のために場は——それが実現している場であれ、実現の可能性のある場であれ、ともかくそうした場は——あるのだろうか？　この問いに対しては、ふたつの答えがあり得る。それはふたつとも、さしあたり否定文による答えではあるとしても、その影響は大きく、生産的でもあるのだ。

（1）**人間形成という意味での教養のために制度的に確保された場はない**。いずれにせよ、教育が開始されるときにすでに教養があるというのではない。教育によって多くのことが習得され、吸収された後で、はじめて自由、批判能力、そして人間性が個人の中で育つようになるのだ。これらがひとたび成長し始めると、すべてが、何でも、人間形成としての教養の場になり得る。どんな経験も、どんな出来事も、多かれ少なかれ、人間形成としての教養に適した機会になり得る。その場は必ずしも学校である必要はない。しかし、当然ながら、学校は人間形成の場として特に適している。人間形成は家庭の中で始まるべきなのは自明だとしても、高齢に達しても終わらないことは銘記すべきだ。たとえば、旅行が人間を形成すると言われるのには理由がある。（とはいえ、また、旅行者が人間形成としての教養を求める意欲がなければ、旅行だけでは人間形成としての教養にはならないことも確かだ。）

（2）**人間形成としての教養のために用意できる特別なカリキュラムはない**し、そのためだけに恒常的に用意できるような学習対象もない。人間形成としての教養はどこでも、いつでも可能だ。そのためには、それに適した学習対象と機会がなければならない。（教育における反権威主義のイデオロギーに対して言っておくが、学ぶ対象がなければ、人間形成としての教養は不可能なことを思い出すべきだ。知なくして教養なし。）人間形成としての教養を推進するのは、学ぶ者にとって異質なもの、困惑させるもの、挑発的なものだ。ヘーゲル（Georg Wilhelm Friedrich Hegel, 1770–1831）が創始した古典的表現によれば、人間形成としての教養は「疎外」である。人間形成としての教養を経験するとき、慣れ親しんだ思考の筋道から逸脱し、それによって、これまでの世界観は土台を失う。ところが、そのとき同時に、新たな世界が、以前より豊かな世界が、以前より細いところまで見える世界が開けるのだ。

これは容易に分かることだが、教養を積み重ねるとき、それは、規範として確立された特定の学習対象を憶えることではない。学習対象に関する知識は与えられねばならないとしても、むしろ、学習の様態や、知識の対象との接し方が人間形成としての教養の核心をなすのだ。言い換えれば、肝心なのは学習者自身にほかならない。この意味において、教養はいつも人間形成だ。人間形成としての教養のプロセスは実にさまざまな対象、テーマ、問題を媒介にして進行する。対象、テーマ、問題は、国によっても、時代によっても、専門分野によっても変わる可能性がある。ヴィルヘルム・フォン・フンボルトにとって、人間形成のためにとくに適した対象は古典ギリシア語と古典ラテン語であり、この古典語によって伝承された文学、歴史、そして哲学の文章だった。もしフンボルトが現代に生きているとすれば、この規範に手を加えて大幅に拡大するにちがいない。

そこで、いくつか例を挙げてみたい。人間形成としての教養はすべて知識をもって始まる。

・生物学者は生命を記述する生化学と生物物理学における最新の公式を知っているだけではなく、私たち、つまり私たちの社会が、生命のあらゆる現象形態にどう関わるべきかについて説明できなければならない。私たちはどの生命を必要とし、どの生命を庇護して育みたいのか、あるいは消費して滅ぼしたいのか。

・文学研究者はゲーテやシェークスピア、孔子などの文章を読み、解釈するだけではなくて、次のような問いに答えねばならない。現代の私たちが、これらの文章を読むべきなのか、なぜ読むべきなのか、あるいはもっと一般化して問うなら、これらの歴史を媒介にした人間形成としての教養がどんなことで私たちのためになるのか、私たちにどんな作用を及ぼすのか。

・経済学者は、市場の機能の仕方を数学的精密さで分析できるだけではなく、人間として次のように自問しなければならない。市場がどのような立場の利益になっているのか、市場に関わる私たち全員が幸せになるためには、どのような金融システムをつくってゆけばよいのか。

このように人間形成としての教養に基づいて自分の行っていることについて考え、自己反省を加えることは、当該の専門領域におけるしっかりとした知識なしには不可能だ。しかし、そうするためにはまた、当該の専門領域以外の多くの領域に関しても概略を知っていなければ、さらに、すべての領域の相互関連についても知っていなければならない。その意味で、百科事典的な知識を求めることの意義が失われているわけではないとはいえ、本質的なのは、知識の量ではなく、そうした知識を得る者の姿勢なのだ。どのような反省をするのかということ、そして知の領域の相互関係と目的についてどのように考えるかということ、これが決定的な意味をもつ。

三　今日と明日の人間形成としての教養――まとめと今後の展望

（a）まとめ――人間形成としての教養はすべての教育機関を通じた課題である。それは、公立私立の学校のみならず、人間のどんな活動においても課題なのだ。とりわけ人間同士の付き合いにおいてはそうだ。しかるべき姿勢と人間形成としての教養を求める社会の中で学習活動が実行されるならば、それは常に自己形成の糧となり、自己の人格を形成し、完成を目指して陶冶することに資すると同時に、他者の人間形成としての教養のためにもなる。人間形成としての教養の観点を欠いた教育は、教育を受ける人間を機械に、時の支配権力の道具に、その手先にしてしまう傾向を、いや、それどころか、しばしばその意図をもつ。こうした危険性は、一八世紀後半から声高に宣伝された唯物論的教育論、たとえば一八世紀フランスの思想家エルヴェシウス（Claude-Adrien Helvétius, 1715–1771）をみればわかる。このような精神で知識を伝達することは、コンピュータのプログラミングに似ている。知識の伝達のみの教育に委ねられた人間は、知識があっても良心のない人間に、したがって、操作しやすく何にでも使われる人間になってしまう。

人間形成としての教養の前提は、すでに指摘したように、思考における自由である。フンボルトは、思考におけるこの自由を孤独と関連づけて考えた。人は他者の意見を知る必要はあるけれど、それから距離を置くこともできなければならない。伝統の価値観を知る必要はあるけれど、それから距離を置くこともできなければばならない。加えて、自分自身からも距離を置けるようにならなければいけない。つまり、自分自身のことを知り、自分自身を疑問に付さねばならないのだ。このような自由と孤独の中からようやく、思考の訓練を重ねることによって時とともに批判能力が育つ。批判は人間形成のためになる——自分自身と他者の双方にとって人間形成としての教養のためになる。人間形成としての教養は私たちに関わる対象とテーマに向き合って考え抜き、私たちとともに生きる人たちと議論することによって促進される。人間形成としての教養のためのカリキュラムは、そのときどきで適切に選択されねばならない。すなわち、それぞれの対象に向き合って議論する方法は厳しく、容赦ない、ということは、ゆっくり集中的に進めなければ――つまり批判的でなければならない。人間形成としての教養は、あるものが何であるかという理論的な問いだけでなく、また、資料や方法に関する技術的な問いだけでなく、人間形成としての教養の媒介となる対象を念頭におきながらも、「何のために」という目的に対する実践的な問いについて考えてゆく活動だ。

（b）今後の展望――人間形成としての教養はどこでも行われる。とはいえ、獨協大学のように、中学・高校から大学までが連携する教育機関が、まさに人間形成としての教養の負託に応えることを自らの教育理念に掲げているのは、たいへんすばらしいことだ。この教育理念のもとにあることで、どのような学習対象、テーマおよび方法なら、この目的を達成できるか、カリキュラムについて繰り返し問い続けることになる。この問いをもっと今日に即して具体的に言い直せば、グローバルなネットワークに組み込まれた現代の日本社会にとって、どのようなカリキュラムが良いかを問うことになるのだ。

外国語――しかも旅行会話レベルではなく、学問的な厳密さをもって学ぶ外国語――は、当該外国語の文化的伝統の中から選ばれたテーマと結びついて、今日でも、人間形成としての教養のために適した学習対象として突出していると言ってよい。必ずしも一九世紀のドイツで教養の規範とされたラテン語や古典ギリシア語でなくてもよく、または仏教の梵語や中国古典の漢文のような古い言葉である必要もない。もっとも、このような伝統について集中的に深く学ぶことには、今日でも、人間形成としての教養にとって高い価値がある。というのも、それらを学ぶとき自分とは異質のものごとを体験することになり、それがあの「疎外」（ヘーゲル）を促す。そして、それまでの自分自身から離れるこの疎外こそが、自由と批判能力と人間性を育てるからだ。もちろん、こうした古典語の学習が、必ずしも誰にでも適しているとは言えないし、いつどこでも可能だというのでもない。とはいえ、それは、人間形成としての教養を促進するための雛形になる。

繰り返しになるが、人間形成としての教養があるというのは、理解できないことに対して知的な敬意を払うことだ。これは、一五世紀ドイツに生まれた思想家ニコラウス・クザーヌス（Nicolaus Cusanus, 1401–1464）のいう「学識ある無知」（docta ignorantia）にほかならない。それは、新しいこと、すなわちこれまで自分にとっては異質だったことに対する開かれた姿勢だ。そのような姿勢で異質なものに臨むことで、私たちはそれを理解するようになる。こうした人間形成としての教養は個人の人生の早い段階で始まる。しかし、それには終わりがなく、終わらせねばならないものでも、終わらせるべきものでもない。人間形成としての教養は、決して完成することがないのだ。

（c）人間形成としての教養の理念を掲げる未来の大学のための五原則

一　研究と教育は結びついていなければならない（フンボルト）。しかし、研究よりも教育を優先するべきである。

二　教育スタッフを選考するとき、学問を通じて人間形成としての教養という目標に資する用意が、その主たる基準でなければならない。

三　人間形成としての教養がすべての科目およびすべての専門領域において知の伝達の根本的な観点とみなされるべきである。すべての学習段階で、当該の知識を伝えるときに、「何のために」という問いにしかるべき時間を割かなければならない。

四　専門課程の最終段階では、学習した専門領域の哲学的根拠をテーマとする選択必修科目群を用意して、それを当該の専門領域に通暁した哲学者が担当するべきである。

五　人間形成としての教養を教育理念に掲げる大学は、文化系学部を備えていなければならない。その学部は、それぞれ重点の異なる専門分野として、哲学、歴史学、文献学（特に個別の言語と文学の研究および言語と文学の比較研究）ならびに芸術学を――必要に応じて「文化学」という共通の名のもとで――必要とする。

第二章
ハンガリーにおけるドイツの教養理念の受容と展開

ゾルターン・センディ
訳＝相澤啓一／高橋輝暁

「ドイツ由来の教養理念」は、今日にあってきわめてホットなテーマだ。ここで私が考えているのは、少なくとも私のかかわるドイツ文学研究の分野において、ここ数十年来ずっと議論されてきた方法論の問題だけではない。それは、私たちが教育と研究の現場で直面し続けてきた問い、私たちの教育と研究が何をめざすべきなのかという問いの根幹にかかわる。

一　ハンガリーにおける異文化受容の歴史的源泉

ハンガリー文化のルーツは、ヨーロッパの文化と文明の起源にさかのぼる。しかし、それよりもはるか以前に通じる痕跡がないわけではない。たとえば五音音階は今日までハンガリーで活発な音楽だ。五音音階は、ハンガリーのルーツがアジアにある証拠で、ちなみに、それは日本音階の基礎にもなっている。

カルパチア盆地征服（八九五〜八九六年）の後、マジャール人はキリスト教化され、そのことが、西欧の文化を受容することに繋がる。(1) その西欧文化は、当時はまだ中世だったので、ラテン語の文化として入ってきた。まず、ベネディクト修道会が来て、キリスト教的教養をハンガリーに広める。やがて一一世紀から一三世紀にかけての中世ヨーロッパでは有名な大学がつぎつぎと設立され、ハンガリーの若者たちもそこで学んだ。そのとき、いくつかの大学は、たとえばボローニャ大学の法学、パリ大学の神学と哲学、サレルノ大学の医学というように、特定の分野が特に高く評価されていたので、それが学ぶ大学を選ぶ基準として一定の役割を果たした。(2) 中部ヨーロッパで最初に設立されたのはプラハ大学（一三四八年）、それからクラクフ大学（一三六四年）、ウィーン大学（一三六五年）が続き、ペーチ（一三六七年）にも大学が創設される。

しかし、ハンガリー最初のこのペーチ大学は短命だった。同じように、その後に設立されたハンガリーの大学、たとえばブダ大学（一三九五年）やポジョニ（ドイツ語でプレスブルク、現在のブラチスラヴァ）大学（一四七六年）も、長続きはしなかった。現在まで存続している最も古い大学は、一六三五年にナジソンバト（現在のトルナヴァ）に設立された大学で、これは一七七〇年から一七八〇年の間にブダに移転し、オーストリア皇帝とハンガリー女王を兼ねていたマリア・テレジア（Maria Theresia, 1717–1780）によりハンガリー王立大学となる。ハンガリーの大学に連続性が欠けているのは、国土の中央部が一五〇年にわたってトルコの占領下にあったことが主な原因だ。それに加えて、国王と有力貴族たちによる恣意的な強権政治が文化的発展を妨げたことも要因とされる。

ハンガリーの文化に対する宗教改革の影響は大きく、それはとりわけ国の東部とトランシルヴァニア地方で支配的にまでなった。プロテスタント教会にはいくつもの宗派があったので、ハンガリーでは（そしておそらくここだけではない）、一方で教育制度を分断する結果を招来するとともに、他方でその発展を促すことにもなる。というのも、どの宗派もそれぞれ自前の大学を設立しようとしたのだ。そのようなわけで、一七世紀から一八世紀にかけて著名な教育拠点が設立された。たとえば、デブレツェンとコロジュヴァール（ドイツ語名はクラウゼンブルク、今日のクルジュ＝ナポカ）には改革派教会の学院が、またブラチスラヴァ、ショプロン、ナジセベン（ドイツ語名はヘルマンシュタット、今日のシビウ）には福音派教会のギムナジウム（日本で言えば、中高一貫の学校に相当）が開設されている。(3)

中世からルネサンスにかけてはイタリア文化の影響が支配的だったのに対して、この時代になるとドイツのヴィッテンベルクやスイスのチューリヒから帰ってきた学生たちが、プロテスタントの教義だけでなく、ドイツ語の文化をもハンガリーに広めた。文化と学術において、さまざまな影響関係の拡大は、この時代に顕著だ。たとえばルネサンスの芸術と文化は、ウィーンにも居城を持っていたハンガリー王マティアス（Mathias Corvinus, 1443–1490）によりハンガリーからオーストリアに伝わった。これとは逆方向なのが、フランスの啓蒙思想の影響だ。それは、まずウィーンに伝わり、マリア・テレジアの宮廷を経由して、ハンガリーに達する。ハンガリーの将校たちがマリア・テレジアの宮殿の親衛隊に加わっていたからだ。(4)

トルコ人がハンガリーから駆逐された後、オーストリアとドイツから組織的に移民が受け入れられたこと、そしてドイツ語を公用語と宣言したヨーゼフ二世（Joseph II., 1741–1790）の言語勅令（一七八四年）、このふたつがあいまって、ハンガリーにおけるドイツの言語と文化は、その他の国からの影響に比べて、優位に立った。しかし、それはハンガリーがドイツ文化一辺倒になったという意味ではない。たとえば、セーチェーニ伯（Gróf Széchenyi, 1791–1860）は、経済と産業に関するいくつもの革新的アイデアを、とりわけイギリスから取り入れた。このセーチェーニ伯が一九世紀の同時代人で有名な革命的政治家コシュート・ラヨシュ（Kossuth Lajos, 1802–1894）から「最も偉大なハンガリー人」と讃えられているのだ。さらに、一九世紀後半の多くの知識人たちはフランス文化の強い影響下にあった。多くの文化が絡み合って形成されたハンガリー文化にとって、オーストリア＝ハンガリー二重帝国傘下のさまざまな民族グループの存在も無視できない。それにもかかわらず、ドイツ文化は、大学レベルにおいても、第二次世界大戦にいたるまで大きな影響を与えてきた。

しかし、ハンガリーの文化と教育とに関する政策が（他の社会主義国と同様に）変わったのは、一九四五年にソ連軍が東ヨーロッパを占領して以降のことだ。文化と教育に関する政策のあらゆる領域にわたってソ連モデルにより徹底的な構造転換がはかられた。それだけでなく、さらに悪い結果をもたらしたのは、ハンガリーの文化と教育の精神が、強制的にマルクス主義の枠にはめ込まれ、大きく損なわれたうえに、独裁の監視下に置かれてしまったことだ。

学術的資格を授与する仕組みは、ハンガリーでも一九四五年まで伝統的な二段階方式、すなわち、博士号と教授資格に基づいていた。それが、社会主義時代には廃止され、ここでもソ連モデルに従って、博士号・昇格候補・大博士号の三段階方式が導入される。以前の制度との重大な違いは、大学が授与できるのは博士号だけで、その上の学位を授与できるのは科学アカデミーのみだったという点だ。その政治的意図は、権限の集中による統制にあった。それゆえ、あらゆる専門分野について、それぞれ新しく研究所が設立され、たとえば、教育と研究の分離が、大学レベルでもはっきりと宣言されたのだ。[5] 大学ではこの分離もあまり厳密には守られなかったとはいえ、文科系の学問分野ではイデオロギー的制約が、これに対して自然科学分野では研究に必要な近代的インフラの不足が、非常に大きな障害となった。(こうした制約にもかかわらずその数十年間に産み出された顕著な学問的成果は、それだけ高く評価されてしかるべきだ。)

一九五六年のハンガリー動乱の後、暴力的支配は目に見えて緩和されたにもかかわらず、ハンガリーの教育制度が「絶対的自由」を取りもどして西欧的伝統に復帰できたのは、一九九〇年以降のことだった。しかし、西ヨーロッパの精神的状況がその間に、とりわけ一九六〇年代に、根本的に変化したのは周知のことだ。それで、ほとんど逆説的というべき状況が生じた。それは、西ヨーロッパの左翼系の若者たちが――少なくとも理論的には――マルクス主義革命の世界を夢見ていたのに対して、多くの東欧の人たちはそれからの解放を望むという逆説だった。この矛盾は一九八九年に起こったベルリンの壁崩壊に始まる大転換の後、奇妙なかたちで解消する。というのも、文科系の学問分野では、東欧にあってマルクス主義ないし擬似マルクス主義のイデオロギーを信奉していた人たちの多くが、西欧の社会自由主義の立場に鞍替えしたからだ。

二　ドイツの教養理念とそれをめぐるハンガリーでの議論――ボローニャ・プログラム

ここまできわめて大雑把に素描した動向は、ヨーロッパにおける教養のコンセプトの発展に際立った影響を与えた。ここで「教養のコンセプト」という言葉を用いて意図的に暗示したいのは、ヴィルヘルム・フォン・フンボルト（Wilhelm von Humboldt, 1767–1835）に基づくドイツ的教養、すなわち人間形成としての教養の理念が、今日では、それを支持するあまたの発言にもかかわらず、ドイツ本国においてすら、きわめて限定的にしか具体化していないことだ。

たとえば学校制度の統一というフンボルトの構想は、西欧ではとっくに、そしてハンガリーでもここ数十年で加速度的に放棄されてしまった。これに大きな影響を与えたのは、ドイツではかなり前に、そしてハンガリーでも一九九〇年代になって大学入学試験が廃止されたことだ。代わりに今日ではアビトゥーア（Abitur）が浮上している。アビトゥーアは大学へ進学するための資格試験で、中等教育修了時、日本で言えば高等学校卒業時に各中等教育機関が実施する。ハンガリーでは、まず中高一貫校ともいうべきギムナジウムで（一八五一年）、やがて実科学校でも（一八七六年）導入された。当初はプロテスタント改革派が、ドイツの影響に対する批判から反対する。これがいずれは入学試験に取って代わるとされたからだ。

一九六〇年代後半の西ヨーロッパにおける学生運動の結果として生じた根本的変革では、フンボルトの教養理念の一部、とりわけ学問の自由への要求が改めて認知された。しかしグローバル化の帰結は、フンボルトが理想とした世界市民というよりも、むしろ、ボローニャ・プロセスだと言える。それがもたらすきわめて多様な影響の全貌は、まだ見えてきていない[6]。

フンボルトの大学理念が与えた影響は、一九四五年以後のハンガリーにおいて（そしておそらくハンガリーだけではない）、矛盾した性格をもっていた。一般教養は、確かに社会主義にあっても、大学で追求される教育目標のひとつだった。しかし、イデオロギー的画一化のために、思想教育としては、マルクス主義の枠に制約されていた。さらに文学研究においては、実証主義的方法がまだ勢力を維持し続ける。ほかならぬペーチ大学において新設の文学部で一九八〇年代に導入された大学改革は、フンボルトの理念にいくつかの点で一致する真の改革だった。それにもかかわらず、それらはこれみよがしに「反プロイセン的」と明記されたのだ。その理由は、アングロサクソン系の通俗的モデルに呼応する改革だと標榜したかったことにある。こうしたレッテル貼りの皮肉が生じる原因は、プロイセン流の学校制度の源泉をもっぱらフンボルトに求め、それがプロイセン的だから有害だとする見解にある。今日のハンガリーの教育制度が生徒たちからことごとく創造性を奪っているのは、それがいまだに「プロイセン的」だからというわけだ[7]。このように「プロイセン的モデル」に対してアングロサクソン的モデルを対置するといった一方的な議論をもって学校改革を問題にするのが、そもそも全くの誤りだ。このことについて、ここでこれ以上の紙幅を費やすのはやめるとして、次の三点は、私たちの経験がはっきり証明している。

（1）絶対的な自由は人文系の学部ですらも非生産的である。

（2）フンボルト的理念のいくつかは今なお有効である。たとえば研究と教育との一致、すなわち両者を分離することの否定、教養自体の価値は市場原理が指針であってもなお失われないとする教養思想、自己形成の重要性など。

（3）職業教育は系統的でなければならない。

この「ペーチ大学モデル」は、広く認知されたにもかかわらず、このかたちでは長続きしなかった。その原因は何よりも、それを継続するのに経費がかかりすぎる点にある。平均以上に充実した授業プログラムといい、少人数グループの授業が多く、多人数相手の講義はほとんどない授業形態、学生に対する恒常的な個別指導などの育成方式といい、いずれも個人の能力を伸ばすためには最善だった。その意味でこの構想は、フンボルトの名前を出さずとも、おそらくこのドイツ人学者が掲げた最も重要な理念にきわめて近かった。その理念によれば、大学における学習の本来の目標は人間形成としての教養であって、職業教育ではない(8)。

ベルリンの壁崩壊により東欧に変革が起こった当初、大学にはほとんど絶対的自由が与えられた。この変革期は、大学がその授業のコンセプトを自ら決められる発酵期間だったのだ。ただし古い世代もまだ残っていたので、刷新は本当なら必要であったほどには徹底できなかったところも少なくない。それだけに、古い世代のいない新設の講座や研究室には、よそにも増して現代的な構造に改革する絶好の機会となる。

ペーチ大学のドイツ文学課程は一九九一年に設置されたため、私はハンガリーにおける高等教育の構造改革の全段階を身をもって体験し、またそれに参画することができた。ドイツ文学研究の分野では（これは、この分野に限らないはずだ）、ベルリンの壁崩壊による転換からここ四半世紀を三つの時期に区切ることができる。残念ながら最短期間となってしまった第一期は、旧体制が崩壊し新体制がまだ確立していない移行期ゆえの自由を大いに享受し、個人個人で創造的な授業を組織する作業が一番うまくできた時期だった。そこでは、——とりわけ上級学年の——学生に対して可能な限り大きな自由を与え、自分自身の関心に基づいて授業を選択できるようにした。同時に、こうした柔軟性によって、留学した学生が外国で取得した単位をすべて、何らの事務的障害なしに認定できるようにもなったのだ。

同じ専門分野でも大学が違えば、プログラムや構造はしばしば大きく異なる。そこで、ほぼ五年経過した後には、それらを調整して国内での互換性を高めようと、国からの指示と指導のもとに統一化を図ることになる。そのために設置された専門委員会にはすべての大学から代表が出た。私はドイツ文学研究のプログラム作成に参加したので、急いで拙速に取りまとめられた合意が問題の多い結果を引き起こすさまをつぶさに見ている。すなわち、私たち自身がまとめたコンセプトなのに、それを実際に試してみるやいなや、私たちの誰もが不満をもったのだ。というのも、形式的な構造にとらわれて、まさにフンボルトの理想とするところがほとんど失われていたのだった。せめて大きな過ちについては修正するべく、(やはり共同で)作業を始めた矢先、ボローニャ・プログラムの導入により、その作業は棚上げになってしまう。

こうして(ドイツ文学研究を含む)各専門委員会には、二段階、もしくは、博士課程を含めると三段階の教育システムを作成する任務が与えられ、これは二〇〇五年九月にハンガリー全国で導入された。それまでの高等教育は、単科大学だったのに対して、新しい制度では、医学や法学、建築学などの例外的専門分野を除いて、大学の教育課程は三年間の基礎課程としてのBAすなわち学士課程と二年間の専門養成課程としてのＭＡすなわち修士課程とから成る。

周知のように、欧州連合（ＥＵ）で施行されているボローニャ・プログラムの主目的は、単位制に基づいて各国間で共通の構造をもつ制度を導入することにより、大学間の人的移動を促進する点にある。ここではその細部に立ち入ることはできないけれど、ハンガリーのドイツ文学研究の分野では、この新制度の導入により、私たちが経験したことについて、手短に述べておきたい。

一般的に言って、明らかなのは、このプログラムの意図するところが評価されてしかるべきだという点だ。学生にとっても、教員にとっても、大学間の移動は――とりわけそのために用意されたエラスムス奨学金のおかげで――飛躍的に増えた。とはいえ、外国で取得した単位の認定となると、もういくつもの困難が生じている。このことが示唆しているのは、残念ながらこの制度に伴う根本的な欠陥だ。第一に、単位制度で共通しているのはせいぜい形式的部分（たとえば総単位数など）だけで、個々の授業の単位評価などはもう全くバラバラと言ってよい。第二に、それぞれの専門分野で教えられる内容が各国間で全く重なり合っておらず、それが成績証明書の認定を難しくする。(9)

ハンガリーでは、ふたつのレベルのそれぞれで構造の統一化を試みてきた。しかし、いくつかの（重大な）問題を予見できていなかった。そのひとつは低レベルでの平準化という問題だ。ボローニャ・プロセスが導入される何年も前から、私は授業の構造と教育プログラムとの改革が必要であると考え、その実現を望んでいた。なぜなら、大人数のマスプロ教育と研究後継者の指導育成という二重の課題をひとつの枠組みで両立させる必要があったのに、ここで私は解決不能なジレンマに直面していたからだ。ボローニャ・プログラムにおける学士課程と修士課程という二段階の授業構造は、当初、私の望むところであるように思えた。中等学校教員資格の条件となる伝統的なドイツ文学のカリキュラムと並行して、社会ですぐに役立つ実用性を求める学習が可能になると考えられたのだ。しかしボローニャ・プログラムを少し経験してみた今日、このように学士課程と修士課程を直線的に積み上げる構造のシステムは――少なくとも現在のかたちのままでは――以前のものよりも劣っている。この事実を私たちは認めねばならない。ふたつの教育形態を区別するには、柔軟な選択必修科目群の制度を導入するほかない。そうすれば、学生たちをできるだけ一学年修了したところで振り分けることができ、改善されるだろう。

新たなカリキュラムを構想する際に、私たちはグレードの差を考えて現代化することに留意してきたにもかかわらず、現在の教育プログラムは、むしろ両者を混ぜ合わせたハイブリッド状態にあるのだ。学士課程の学修プログラムとして実用性を求めるためには、その内容がしばしば理論的学習に傾き過ぎている。これに対して、修士課程を目指して準備するプログラムとしては、これまた、必ずしも十分ではない。ひとつの問題を解決しようとすると、すぐに全く別の問題がもちあがってしまうのは、私たちの時代に合わせて改革するプロセスが抱える皮肉だ。たとえば、先に問題にした大学教育のマスプロ化は、一〇年前のようなかたちで存在するわけではない。なぜかと言えば、ハンガリーの大学では（残念ながらペーチ大学でも）、ドイツ文学を学ぶ学生が大幅に減少してしまったからである。

こうしたハンガリーにおけるドイツ文学研究分野の個別の事情は別としても、ボローニャ・プログラムはその基本的な点で、（フンボルトに限らず）伝統的な教育理念から見ると、ほとんど真っ向から対立する矛盾がある。たとえば、二段階制度が導入されてすぐに判明したのは、これでは教員養成が成り立たないという事実だった。そこで私たちは二〇一三年にハンガリー全土で、以前の一貫した教員養成方式

（すなわち、教育大学では四年制の養成課程、総合大学では五年制の養成課程）に戻した。

ボローニャ・プロセスの最大の問題は――その見直しと修正の後も――市場原理に（一面的に）適応しすぎている点にある。[10] 特に国立大学では――ハンガリーではほとんどが国立大学――各専門分野の「市場価値」、すなわち、それがどれほど市場の役に立つかという問題ばかりを議論するようになっていった。確かにこれは、自分の専門分野を学んでも就職の見通しすら立たないという卒業生があまりにも多いのだから、やむを得ないことだった。とはいえ、この矛盾は、とりわけ多くの人文系の学問分野が、自然科学系や技術系、経済系などの学問分野に比べると、もはや「競争力」がないとされるから、さらに大きくなる。優遇されるのは――これもおそらくハンガリーのみに限らない――「収益性がある」、そして「使える」学問分野だけということになってしまう。

それゆえ、「目的に縛られない自由な学問」という（フンボルトも掲げた）理念は、あまりにも多くの政治家にとって、過去に逃避するユートピアでしかないのだ。[11] 世界中のいたるところで、開発推進と富の追求の欲望が技術の完成と実用的目的の達成を要求している。こうした状況にあって、私たち人文系の研究者は自分たちの研究分野が不可欠であることを証明できるとしても、広い意味で humaniora（フマニオーラ）の、すなわち人文学の控えめな地位だけでも確保するには、哲学や文学の研究の今日的な意味を明らかにして、説得するほかない。これは、ドイツ文学研究についても妥当するので、次にドイツ文学研究の問題として考えてみよう。

三　ハンガリーのドイツ文学研究に関する教育と研究の現状に対する疑問

教育面と同じく、研究の面でも大きな困難と矛盾をかかえた状況にある——とりわけ次世代を担う若手研究者の目から見ると、それは顕著だ。第一に、博士課程に在籍する若手ゲルマニストの養成が人数の面でもめざましく発展し始めたまさにこの時期に、大学のみならず中等教育の現場でも、教員の新規採用の可能性が縮小するという矛盾に直面している。逆にまた、ベルリンの壁崩壊による東欧の変革の直後には、ドイツ文学の教員講座が各地に新設または拡張されたため、必要なポストを埋めるのに十分な数の優秀な若手教員がいなかった。

こうしたほとんどグロテスクで極めて大きな問題が発生した原因はよく知られている。一九四五年以来、政権がしばしば交代すると、そのたびに教育制度が大きく変わったせいで、後継研究者の安定した養成が不可能だったのだ。残念ながら、この不安定な状況に対して近い将来に何とかできるといった予感すら、私たちはもてない。ドイツ文学研究の現代的な体制を構築するうえで、これまで最大の障害となってきたのが政治だったとすれば、今やそれを阻んでいるのは、ハンガリーの深刻な経済状況なのだ。こうした退行的プロセスがどこまで続くのかは、目下のところまだ予測できない。

ここに述べてきたような問題がしばしば議論され、（残念ながら）それへの対処が急務とされる一方で、ハンガリーにおいて、こうした制度的問題全体が研究の内容に波及する結果については、それほど議論されていない。第一に確認しておかねばならないのは、ハンガリーのドイツ文学研究を左右している動向が、ドイツ本国以外で進められている国際的ドイツ文学研究およびドイツ本国のドイツ文学研究と密接に結びついていることだ。国境が開かれ、大学間の交流が自由化されたことより、私たちすべてにとって、とりわけ若い世代のドイツ文学研究者にとって、全く新しい展望がいくつも開けた。ドイツ語圏の諸国に行く留学生の増加と留学期間の長期化が、内外のドイツ文学研究の間のギャップを埋めるのに大いに貢献した。直接のコンタクトの可能性ができたことにより、一般的に研究レベルは引き上げられ、専門的な要求水準も高まった。こうした喜ばしい現象はすでにここ二〇年以上にわたって続いている傾向であり、今後も続くと考えてよい。

研究をめぐる状況は一時期よりはるかに改善されたとはいえ、私たちはドイツ語圏のドイツ文学研究を模倣することでそれと競おうとする必要はなかろう。たとえば図書館やアーカイブなどの研究インフラも、母語としてのドイツ語によって形成された文脈も、私たちには欠けている。しかし、私たちは必ずしもドイツ文学研究のすべての領域でドイツ語圏の研究の動向を後追いしたり、それと競ったりしなくてもよい。私たちの方にもドイツ語圏諸国以上のチャンスに恵まれた領域やテーマもあるからだ。たとえば、比較研究やハンガリーに残されたドイツ語の資料の研究がある。

近年、特に目立つのは、学術論文における一貫した論旨の欠如で、それは、やたらに既成のさまざまな理論を無批判に借用して折衷的に取り込む研究に見られる。ここで、そうした問題論文の実例をすべて並べ立てることは控えて、ふたつだけ例示しておきたい。きわめて多様なテーマの博士論文を審査してきて気になるのは、それらの論文の著者たちが判で押したように、有名で「流行している」同じ理論家たちを引用することだ。自分がトレンドに乗っていることを示したいのだろう。

もっと問題なのは、そうした理論的導入部が本論の事例分析と完全に矛盾している点だ。何が何でも「最新の研究」でありたいとの衝動は、このように、しばしば有害な行き過ぎを生むのであって、それが私たちの学問を前進させることはほとんどない。理論的基礎は重要だ。しかし、それが私たちの研究領域で実を結ぶためには、きちんと首尾一貫した論理に基づいて応用されなければならない。既成の研究方法を崇拝して無批判に受け売りするのは、研究の対象と方法との間に非生産的な軋轢を生むだけだ。特に問題なのは、そもそも基本的知識もないままに、はやりの概念を無批判に授業に導入することだ。多くの学生たちをがっかりさせたくないなら――とりわけ授業の現場では――もっと慎重かつ厳密に概念を取り扱う必要がある。

この種の危険に脅かされているのは、決してドイツ語圏外のドイツ文学研究だけでなく、ドイツ語圏内のドイツ文学研究も同じだ。ただ、ドイツ語圏では研究領域がはるかに広く、また、文学史と文学理論の研究に多くの学派があるため、それほど目立たないのだ。とはいえ、二一世紀になってドイツ語圏の内外を問わず、文科系の学問がすべての根底に文化を見るようになったことについて、「カルチュラル・ターン」が盛んに語られている。この傾向についても、その華々しい行き過ぎにはきちんと対応するべきだろう。なぜなら、伝統的ドイツ文学研究の枠組みを（学問的）規律を無視してただ打ち壊すだけならば、決して有意義な新しい認識に到達することはなく、むしろとめどなく広がる連想と関連づけの迷路に研究者自身が迷い込んでしまう危険もある。真の学問研究に情状酌量の余地はない。こうした情報インフレに対抗できる研究結果だけが、学問的に認められるのだ。

「市場競争力」と並んで「創造性」も、人間形成としての教養の理念にしばしば対置される。伝統的な教養の理想に強く敵対する人たちによれば、教養の伝統は自己目的化した知識に基づいており、教養は、もともとデータの余計な蓄積に過ぎず、どんなデータでもいつでも呼び出せるのがコンピュータ技術の時代だという。こうした見解には直ちに反論しておこう。さまざまなデータを「いつでも使えるように用意しておくこと」ができ、それらを自分の考えに従って組み合わせられることが、昔も今もなお私たちの思考プロセスの根幹なのだ。確かに、研究の方法や手段は根本的に変化した。しかしながら、学問研究の基本的なあり方や条件は、変わっていない。それぞれの研究分野で最新の技術を使おうが、あるいは最先端の研究のコンセプトによろうが、人間形成としての教養というフンボルトの理念を完全に忘れさせることは不可能なのだ。なぜなら、これこそが、今なお私たちの知的好奇心と新たな認識の悦びとを実感させてくれるからだ。すなわち、「真に生きるとは自己形成することである」(12)。

註

1 これについては以下を参照のこと。Nemeskürty, István: Abriß der Kulturgeschichte Ungarns. Budapest: Corvina 1994. S. 1–26.

2 Szögi, László: *A magyar felsöoktatás kezdetei*. In: *A Természet Világa*, 1996 / 1. S. 2.

3 Ebd., 1996 / 2. S. 74–76.

4 Nemeskürty (Anm.1), S. 34 und 83–87.

5 Vgl. Dabrancz, M. Róbert / Fónai, Mihály: *A magyar kultúrpolitika története 1920–1990*. Debrecen: Csokonai Kiadó 2005. S. 125f.

6 ドイツの古典文献学者マンフレート・フーアマン（Manfred Fuhrmann, 1925–2005）は、このラディカルな転換がもたらすネガティブな影響を次のように指摘している。「伝統的なドイツの教養理念は一九六〇年代に、いわゆる社会的・政治的な思考の台頭の犠牲になった。こうした考え方は、まず、先述のピヒトやダーレンドルフにより提唱されたもので、「教育構造計画」（一九七〇）や「総合教育計画」（一九七三）といった公的な行政「計画」にも見られる。ドイツ的な教養理念から訣別しようとするこの「徹底」の仕方は、これ以上あり得ないほど激しいものであった。すでに言及したピヒトとダーレンドルフの著作において、まず、その予兆が現れ、それから、公文書に記されるようになった。『教育制度の構造計画』（一九七〇）と『教育省計画』（一九七三）がそれだ。この台頭の核心はドイツの教養理念に対して、従来には考えもつかなかったほど徹底的に背を向けることにあった。そこでは、人格、精神、文化といった概念に代わって、社会、所得、社会正義といった概念が、一面的に偏向していることを隠そうともせずに、登場する。上記のふたつの「計画」では、教養がもはや個人に自立と自由とを目指す能力を、そして、文化の総体に参加して美を享受する能力を身につける精神的プロセスとしては理解されていない。そこで見ているのは、教養が単なる「経済活動全体における生産ファクター」とか「個人の社会的ファクター」としての機能にすぎない。すなわち、教養は将来の消費の可能性や社会的ステータスを決める要因とみなされたのだ。」Fuhrmann, Manfred: Bildungskanon und Bildungsidee. Die kulturelle Einheit Europas und der deutsche "Sonderweg". http://www.bund-freiheit-der-wissenschaft.de/content/ot_31bpf_b.htm. (2018.01.25)

7 Vgl. Fóti, Péter: Poroszos-e a mai magyar iskolarendszer? In: http://www.foti-peter.hu/porosz.html (2018.01.25)

8 Hofmann, Jürgen: Welche Bedeutung hat das Humboldt'sche Erbe für unsere Zeit? In: http://www.humboldtgesellschaft.de/inhalt.php?name=humboldt (2015.03.19)

9 二〇〇九年に結果が公表された大規模調査によると、ボローニャ・プログラムの困難は「改革への意志が不十分」とされる大学側にもあるという。Barakonyi, Károly (szerk.): *A Bologna "Hungaricum". Diagnózis és terápia.* Budapest: Új Mandátum Könyvkiadó, 2009.

10 中欧諸国での一〇年に及ぶ知見と経験をまとめた研究があり、ボローニャ・プログラムの深刻な問題点が指摘さ

11 れている。 Kozma, Tamás / Rébay Magdolna: *A bolognai folyamat Közép-Európában.* Budapest: Új Mandátum Könyvkiadó 2008.
ディーター・ヤコプによる以下の指摘は全くその通りだ。「教育が各国ごとに培ってきた伝統的構造や多様な政治的関係がこの改革と折り合いをつけるのは簡単ではない。ボローニャ・プロセスには実は大学の理念が欠けているのだ。「有用性」を問題にする以前に、大学の使命を哲学的に規定しなければならない。このことは、構造ばかり問題にすることで隠蔽される。政治家たちが、構造改革を崇めて、救いを祈願するだけで、理性で対処したがらないのは、今も昔と変わらない。というのも、一九七〇年代以来の教育と学術に関する政策は、単なる構造改革を超えた内容的問題の解決にいつも失敗してきたのだ。その先までよく考えておくことに、政治家たちは慣れていない。」Jakob, Dieter: Wilhelm Humboldts Idee der Universität. In: http://aka-blaetter.de/wilhelm-von-humboldts-idee-der-universitaet/ (2018.01.25)

12 Menze, Clemens: *Wilhelm von Humboldts Lehre und Bild vom Menschen.* Ratingen: A. Henn Verlag 1965. S. 127.

第三章

フィンランドにおける教養理念と新大学法

エーヴァルト・ロイター
訳＝浜崎桂子／高橋輝暁

フィンランドの教養理念の原型を理解するには、その理念が成立した歴史的文脈を知らねばならない。現在のフィンランドでは、この国の成功の歴史を語るとき、好んで教養をその核心に据える。その歴史的成功とは、誰も住まない不毛の地の素朴な農民が、東西のはざまにあって、現代の知識社会で世界に開かれた国際性を備えた市民になったことを言う。この成功は、ＯＥＣＤ（経済協力開発機構）の学習到達度調査ＰＩＳＡで世界一になったことに象徴され、それは、きつい労働によって湿地と森林を肥沃な農地に変え、あちこちに点在している住民たちでも文明化できることの証明なのだ。

フィンランド語でSuomi（スオミ）と自称するこの国は、湿地帯にあり、その初期の歴史を見ると、東からノヴゴロドに、西からスウェーデンに攻められる憂き目に遭ってきた。時代が下ると、今度はロシアとスウェーデンによって戦乱に巻き込まれる。現在のフィンランドの大部分は、一三二三年にスウェーデン王国に併合され、その自治区となった。フィンランドが中央集権体制に組み込まれたのは、ヴァーサ朝グスタヴ一世（Gustav I, 1496–1560）の治世で、宗教的にはカトリックからプロテスタントのルター派へと改宗させられた。バルト海域の覇権をめぐるロシア・スウェーデン戦争の結果、一七〇九年、フィンランドは自治権を有する大公国としてロシア帝国に編入される。フィンランドの首都はもともと西部の都市トゥルク（スウェーデン語ではオァボ）だった。しかし、一八一二年には、首都が東部のヘルシンキに移転する。ヘルシンキの方が地理的にトゥルクよりもロシア皇帝の宮廷に近い。これが首都移転の理由だ。その後、一八二七年にトゥルクが大火に見舞われると、フィンランド唯一の大学は、旧首都トゥルクからヘルシンキに移った。

フィンランドにおける教養理念の誕生は、ヨハン・ヴィルヘルム・スネルマン（Johan Vilhelm Snellman, 1806–1881）の名前と切り離せない。ちょうどこの頃、ロシア帝国はフィンランドをあらゆる面でスウェーデンから分離しようと躍起だった。というのも、当時のフィンランド人はスウェーデンへの帰属意識が強く、自分たちはスウェーデン人だと思っていたからだ。スネルマンやそれに近い考えの何人かは、当時のこの政治的状況を――ロシア皇帝の裏をかいて――フィンランドの国民意識の覚醒と国民国家の建設のために、きわめて巧妙に利用した。これは、今日、広く認められている歴史的事実だ。それについて語るとき、指導者たちはあまり英雄視されない。だから、よくこう言われる。当時のフィンランドの指導者たちはみなスウェーデン語を話していたのだから、フィンランドという国を誕生させたのは、スウェーデン語で考えていた頭脳なのだ。

現在のフィンランドにおける教養論議を適切に評価するためには、知っておかねばならないことがある。すなわち、一九一七年一二月六日にフィンランドが国家としての独立を宣言したのは、ロシアの二月革命の結果だという事実だ。このことが国内で政治的軋轢を生み、三ヶ月にわたる内戦へと発展、ドイツの支援を得た白衛軍が赤軍を制圧するにいたった。第二次世界大戦において、フィンランドはナチス・ドイツの側につき、ソ連に対抗して戦う。しかし、スターリングラードでドイツ軍が敗北すると、ヒトラーに隠れて、モスクワに対する平和交渉に踏みきり、それが、高い代償と引き替えにフィンランドの国家主権を救ったのだ。

大戦後、半大統領制をとったフィンランドは「西側」の国であるという自己認識をもっていたとはいえ、政治的にはモスクワの影から逃れられたわけではない。国内の政治では、内戦の傷の克服、和解、調停と合意、そして社会の段階的近代化に努めた。そこには、特に男女同権の実現、全日保育による共働き家庭への制度的支援、柔軟な教育システム、スウェーデンを範とした福祉社会の構築と充実も含まれる。このようにしてフィンランドは、農業社会からサービス産業社会へと急速に移行してゆく。ソ連崩壊後の一九九五年にフィンランドは欧州連合（EU）に加盟すると、二〇〇〇年に制定された新憲法に基づいて議会制による共和国へと転換、二〇〇二年にはフィンランドの通貨フィンランド・マルッカ（フィン・マルク）を廃止して、ユーロを導入した。このように西側世界との結びつきを加速したフィンランドは、ほかのユーロ圏諸国と運命を共にすることになる。この点は、今日でもフィンランド国民の間で激しい論争の的だ。

このように成功の歴史を歩めたのも、フィンランドの培ってきた教養理念によるところが大きかった。その教養理念と切り離しがたく結びついているのが、青年ヘーゲル派すなわちヘーゲル左派の哲学者であり、教育者にしてジャーナリスト、政治家でもあったヨハン・ヴィルヘルム・スネルマンそのひとにほかならない。ところが、その名前と人物について、フィンランド以外ではほとんど知られていないのだ。これは、いかにも残念というべきだろう。すでに述べたように、スネルマンが活動した時代は、数百年にわたって宗主国スウェーデンの支配下にあったフィンランドが、一八〇九年に自治権を有する大公国としてロシア帝国の一部となった頃だ。一八〇六年にフィンランド人を両親としてストックホルムに生まれたスネルマンは、一八一三年に両親とともにスウェーデン語圏のフィンランドに移住し、一八一六年からは学校でフィンランド語も学ぶ。

スネルマンの著作活動は生涯を通じてスウェーデン語だった。しかし、この政治家がロシア皇帝相手の巧みな政治力を駆使することによって、公用語も、また、学校教育で用いられる言葉も、いずれもフィンランド語になった。さらにスネルマンは、ロシアのルーブルに対して、独自の通貨をもつという冒険的企てにも成功する。この通貨は、後にフィンランド・マルッカとなり、ユーロの導入まで通用していた。このふたつは、一九一七年にフィンランドが独立国になるまでの途上で成しとげられた英雄的快挙だ。それもさることながら、スネルマンのもうひとつの卓抜な功績というべきなのが、フィンランドの国民教育の基礎を築いたことだ。しかも、それは家庭教育から学校教育、そして大学教育にまでに及ぶ。これに関してスネルマンが実行したことは、すべて未来志向であって、その眼目は、独立を目指す当時の気運の中で、教養あるフィンランド人像を構想することにあった。何がその活動全体の基調をなしていたかを表しているのは、トゥルクの国民的ロマン主義の標語だ。「我々はもはやスウェーデン人ではありえず、ロシア人にはなりたくない、それならフィンランド人になろう！」

「学問による人間形成」という教養思想を、スネルマンは、一八四〇年の論文「大学における学問の修得について」にまとめた。ところが、残念ながらこれは今のところフィンランド語またはスウェーデン語でしか読めない。とはいえ、これに見合う論述は、スネルマンがドイツ語圏諸国を巡った教養旅行（一八四〇〜一八四一年）後の一八四二年に出版した旅行記に見られる。この『ドイツ旅行記』にあるふたつの章で「ドイツの国民とドイツの国民精神」および「ドイツにおける大学と学問」について省察を試みているのだ。このふたつの章をドイツ語で読むことができるのは、この旅行記を『ドイツ――旅の本』と題してドイツ語に訳したハンス・ペーター・ノイロイター（Hans Peter Neureuter, 1938–）のお陰だ。優れたブレヒト研究者として文献研究に通暁したノイロイターは、スウェーデン語からの翻訳を監修しただけでなく、詳細にわたる調査研究に基づいて、この作品の注釈本を執筆した。これによってスネルマンの当時の行動と思想について、細かな点まで知ることができるのだ。

それでは、スネルマンの教養思想の基盤とは何だろうか。教養理念をスネルマン自身が理論的にどう位置づけていたかについてとりあえず概観するためには、これに関連する一連の発言を『ドイツ旅行記』で見るのがよい。ここには、オーストリアとプロイセンとの間に見られる共通点と差異とが描き出されているからだ。ここに記された差異を概念化すると、次のような対立関係の組み合わせができる。

オーストリア	プロイセン
絶対主義	立憲主義
（「神の恩寵に基づく王政」）	（「民衆によって認知された」王制）
カトリック	プロテスタント

蒙昧主義	合理主義
コスモポリタニズム	ナショナリズム
停滞	漸進
検閲	出版と言論の自由

疑いなく、スネルマンは自分の視点からオーストリアと比べて進歩的と思えるプロイセン型のパラダイムに与している。とはいえ、プロイセンの大学の教育学習のプロセスが、中世そのままに暗記と試験による詰め込み型で組織されている点を、スネルマンは批判した。丸暗記により学んだことを試験でオウム返しに答えるのが無意味だと考えるスネルマンは、何も考えずに丸暗記するためだけの教科書に嫌悪を覚えていたのだ。丸暗記させて試験することになる原因を、スネルマンは、教育体制から生じた自己満足に見た。原因は、神学者、哲学者、歴史学者たちが自分の研究に自己満足して、社会に対して禁欲的、すなわち無関心なことにあるというのだ。学者たちは、細かな問題について本を書くことに余念がなく、学生の面倒を見ず、社会にも関心を示さない。このように、スネルマンは当時の象牙の塔を批判している。

こうした実態に対して、スネルマンは「自分で考えて行動する」ように促す教育プログラムを打ち出す。すなわち、学問とは終わりなき啓蒙であり、家庭の、社会の、そして国の道徳的な完成を目指したのだ。理念的に見れば、このような学問には、極めて大きな社会的価値がある。というのも、学問による人間形成こそが、若者に行動力ある人格を育み、そのような人間こそが、世界に開かれた広い視野をもって民衆を国民的自律へ導くというのが、スネルマンの立場だ。もちろん、これらはすべて、当時の階級社会の枠内で考えられたことではある。

こうした文脈で執筆されたのが、一八四〇年の論文「大学における学問の修得について」で、学校と大学の機能を規定している。スネルマンの考えたその機能は、今日の教育学の用語で言えば、自己規定と他己規定との、自律と他律との、そして、理論理性と実践理性との間を理性的に媒介するために、段階を踏んで導いて行くことにある。

> **学校**とは、個々の人間に自己意識を育て、自ら考え、自らの意志をもつ主体へと教育する機関である。［…］**大学**とは、自ら考え、自らの意志をもつ主体を、知と道徳へ向けて、すなわち自己意識と伝統との間の宥和へ向けて教育する機関である。大学における人間形成の課題は、自己意識と習得した知との、主観的自由と現実の客観的法との宥和を通じて、若者たちを抽象的なエゴイズム（**私**が決定し、**私**が判断する）から引き離すことにある。

スネルマンのこの言葉を読むと、ユルゲン・ハーバーマース（Jürgen Habermas, 1929–）が一世紀余り後にヘーゲルの命題「さらに良い議論を求めねばならないという強制は、強制なき強制である」を用いて提唱した討論倫理の原理が先取りされているようにも思える。とはいえ、百年前のスネルマンが、学校と大学の民主化を語っているわけではない。

スネルマンの立論に啓蒙の遺産が引き継がれていることを再確認するために、「大学における学問の修得について」の論文から、カント的・ヘーゲル的な知の三段階的構成とスネルマンによるその援用とが読み取れる箇所を参照しよう。そうすれば、知の形成の三段階を明確にする次の概念図が見えてくる。

知の形成の三段階	ヘーゲル	スネルマン
第一段階	直観	「記憶としての知」 言語によって世界を知覚する あるものをあるものとして知覚する
第二段階	悟性	「概念による把握」 観察と経験とを通じて事象を概念的に把握する
第三段階	理性	「合理的・生産的知」 推論によって連関とその意味を認識し、規則と原理を構築し、未来へ向かって行動する

スネルマンにとって、人間形成としての教養の目標は、人間が自然状態から、フィンランドで言えば、湿地における素朴な生活から、脱出することにある。それは、「第二の自然」の構築を目指すことにほかならない。子どものときに受け継いだもの、すなわち、伝統と大人の合理的とされる知とが対立する中で、両者を弁証法的に媒介する運動の無限の継続が、人間形成としての教養なのだ。スネルマンは、ヘーゲルを革新的に捉え直して、知の形成を次のような三段階のモデルで組み立てた。

まず、第一言語としての母語を習得することによって、「記憶としての知」が身につく。「記憶としての知」とは、言語を媒介にして知覚された世界のことで、「あるものをあるものとして」知覚することにより、あるものを、ほかのものから区別して、指し示す。それは、たとえば、座れる場所を「椅子」あるいは「ベンチ」と名指すことだ。この基盤のうえにだんだんと「概念による把握」、すなわち観察と経験に基づく事象の把握ができるようになる。たとえば、先生も判断を誤り、間違いを犯すことがあるのだから、自分で確かめるべきで、権威に盲従してはいけないといった智恵が身につく。知の形成の最高段階をスネルマンは「合理的・生産的知」と称した。その段階では、事象間のさまざまな関係とその意味について推論によって認識する。それに基づいて、規則や原理を定立することで、未来に結びつく行動を可能にするというのだ。スネルマンのこの教養理念を思い浮かべるためには、フィンランド近代文学の父アレクシス・キヴィ（Aleksis Kivi, 1834–1872）の小説『七人の兄弟』を読むとよい。一八七〇年に完成したフィンランド語のこの作品は、フィンランド生まれの粗暴な若者たち七人が、読むことを学び、キリスト教の教理問答を学ぶことによって、文明の恩恵に浴せるようになる経緯を具体的に描いている。

スネルマンにとって、大学における学問修得の最高の目標は、学生たちが自律した学問的研究に熱中するようになることだった。これを実現するには、教師の側も、学生の側も、自由でなければならない。このことを、スネルマンは次のように表現している。

自己意識の権利が承認されるところでのみ、自己意識と伝統との宥和が可能となり、また、これがあればこそ、真の知と真の道徳とが可能になる。この承認があってこそ——私の考えでは——大学における自由が成立するのだ。

さらに続けて

いかなる知も、(思考する)主体がそれを確信し、認識していなければ、そこに真理性はない。また、いかなる行為も、そうすることを主体が自ら自由に決めたのでなければ、道徳的ではない。

ここに引用した箇所が疑いの余地なく裏づけているのは、スネルマンが大学における学問の修得で何に価値をおいているかだ。それは、丸暗記とそれを試す試験による教育ではなく、教員と学生たちとの間でどのような結論になるか決まっていない対話が交わされること、研究に基づいた教育と学習とによって自律的に考えることだ。同時に、このような大学での学習の構想を実現するためには、学生たちの生活基盤の確保が前提となること、そして、それは奨学金で保証されるべきことを、スネルマンははっきり認識していた。スネルマンの計算によれば、やる気のない若者に詰め込み教育をするよりも、学問による人間形成のほうが、長期的に見れば採算がとれるというわけだ。

ここまでの歴史的回顧によって確認できるのは、スネルマンの捉えたこの教養理念が、かつてのフィンランドの教養理念となったということだ。それは、次のように整理できる。

・研究と教育の一致を促進する。

・大学における自由こそが、理性に基づいて、生涯学習へと内発的に動機づける。
・その自由の前提となるのが、研究と教育の自由である。
・その研究と教育の自由を保証するのは、経済的心配のない学生生活である。

ヨーロッパのドイツ語圏諸国とは違って、フィンランドではこれらの原則が通用した。フィンランドでは、ドイツ語圏諸国と違って、教養市民層を輩出してこなかったことが、今日でも誇りとされ、教養や知性を傘に着た思い上がりが、ペストのように嫌悪されている。特にドイツ語圏と比較すると、教養理念に関しても、明らかな違いが確認されるのだ。すなわち、一九世紀末期のドイツ教養市民層によって「新人文主義的」あるいは「フンボルト的」とされてしまったいわゆる「教養」の理念、すなわち、フンボルトの教養理念とは全く異なるこの「教養」の理念との対比を念頭に、スネルマンの教養理念を見れば、その違いは一目瞭然となる。

・フィンランドでは、教養は万人のためにあり、特定のエリート指導層だけのものではない。
・フィンランドでは、文科系の学問が知性を指導する地位を要求しない。
・フィンランドでは、教養も学問も役に立つものであってよく、また、役に立つべきものとされ、研究は自由でなければならないとともに、孤独であってはならない。
・フィンランドでは、教養とは**所有される**知識ではなく、生涯にわたって、自己批判的であるとともに責任の自覚に裏づけられた思考と行動の過程において、**発揮される**。

これらの指針はフィンランドにおけるかつての教養理念の性格を表している。ただし、それがいつも学校や大学の日常において遵守されてきたというわけではないことも銘記しておかねばならない。さらに、こうして歴史的に振り返ってみると、学問による人間形成としての教養の理念は、階級社会にも、また民主主義社会にも適用可能であることがはっきりと分かる。

人口の減少が止まらず、経済と金融が危機に陥り、そして、社会的富を分配する仕組みが新しく変わった結果、フィンランドで従来から評価されてきた教養の理念は、今日のフィンランドのマスプロ大学にあって、徹底的な緊縮政策、あるいは、公的サービス機関のネオ・リベラリズム的構造改革のために、どんどん犠牲にされて行く。ヨーロッパにおいて、このようなことが大学レベルで始まったのは、遅くともいわゆるボローニャ・プロセスからだ。それ以来、容赦のない競争原理が支配的になる中で、教員にとっても、また学生にとっても、大学における自由はますます、しかも急速に制限されてきた。

フィンランドでは、教育システムを再構築する過程で、二〇一〇年一月一日に新しい大学法が施行された。それによると、政府の公式見解からいくつかを例示すれば、大学は次のように変わるべきだというのだ。

・社会の変化にもっとよく対応する。
・財政基盤を拡大する、すなわち、自己責任によって経営する。
・研究資金を国際的に調達する。

・明確な目的をもって、外国の大学および研究機関との共同研究を実施する。
・研究資源を先端的研究と戦略的重点領域に集中する。
・研究と教育の質と実効性を高める。
・国の革新的システムにおける大学の役割を強化する。

この新大学法が施行されて以降、上にあげた目標達成のために導入された措置の輪郭が、次第に明らかになっている。

・大学を改組して公的法人にする。
・大学における公務員待遇の廃止、すなわち、教員は公務員ではなく、出来高払いの従業員となり、計画された目標を達成するとともに、指示に従って自らの信念とは異なることも、しなければならない。
・大学の民主主義の解体、すなわち、大学管理者が研究と教育および大学事務の体制を決定する。
・大学在学期間の制限、すなわち、「生涯」を通じて学生であり続けられたのを、五年プラス二年プラス二年に制限する。
・雇用の需要に完全に適合した大学教育。
・大学での学習が学校的なジェネラリスト養成になる、すなわち、学生は、あらゆることについて少しずつ学ぶだけで、深い知識を身につけられない。

大学法の正体が次第に露わになって、大学が企業をモデルに改編されつつあることが見えてきた。このことは、研究と教育に関する次のような点に現れている。

・教育と研究において目標の設定とそれを基準とした評価を実施し、それにより、従業員としての教員を常に管理する。
・研究成果が引用される頻度（インパクト・ファクター）の算定による評価、すなわち、これにより外国語外国文学研究の分野でも、研究成果を発表するための必須言語がますます英語一辺倒になる。
・A級学術雑誌に掲載された専門論文が高く評価されることによって、単行本の刊行が隅に追いやられる。
・共同研究が高く評価されることによって、外部資金による国際チームの研究が偏重される。
・学資支援の仕組みを変更し、短期間での課程修了を促進する。
・学生の学業成果を常に査定する。
・当座の学業成果をポイント計算し、それを国による学資支援の査定基準にする。
・大学の目標を戦略的に大学ランキングの基準に合わせる。
・研究計画および教育計画の立案、その実施報告およびその評価を煩雑な様式による文書にすることが求められ、これによって、研究の時間がなくなり、もはや業務時間外にしか研究ができなくなっている。
・学問による人間形成が、再び、自発的な動機によらない丸暗記の詰め込みと試験の教育へと逆行している。

上記のリストで誤解の余地なく明瞭なのは、ここで構想されていた企業型大学は、自然科学の範にならって研究と教育を再編しているということだ。このような取り組みには、自己批判的な改革推進派の人々も認める重大な欠陥がある。それは、人文科学や社会科学において、メインストリームの研究のみが行われる傾向をますます助長することだ。そのような事態になるのは、すでに成果をあげた研究にあやかって、同じ方向の研究計画で新たな研究費が申請されるからにほかならない。しかし、この迎合と人まねこそ、改革派がプロジェクトで約束したこととは真逆の現象にほかならず、国の改革システムにおいて新たな解決策を創造的に追求するという目的とは、まったく正反対の結果を引き起こしている。

フィンランドの世論も次第に、フィンランドの伝統的教養主義による大学はもはや終焉を迎えたのかとの疑問を投げかけるようになってきた。大学が直面する新しい現実に対する批判の矛先は、特にその意思決定の非民主的な過程に向けられている。世論の抵抗を何が何でも阻止しようとしてか、当事者にも、また一般社会にも、この新大学法の計画が十分な時間的余裕をもって予告されることはなかったからだ。改革の必要性を認める評論家でさえ、この大学政策を批判し、立法者が不意打ちで法制化したことは、経済界による大学の植民地化に扉を開いたと非難する。研究と教育に関しても、結局のところ、フィンランド企業の競争力強化だけしか眼中になく、こうなってしまえば、大学での学問の学修は人材への経済的投資にしかすぎない。その結果、学生の誰もが自分自身を売り込む企業家のようになり、もはや、自分自身の市場価値を高めると思うことしか、大学で学ばなくなった。逆説的なことに、雇用者側からは、昨今の大学修了者には、忍耐力、柔軟性、責任感、仕事への意欲、自己規律と自己管理能力など、いわゆる人間の基礎的能力が不足していることを嘆く声が高まっている始末だ。

ほかの多くの国と同じように、フィンランドでも、人文科学や社会科学がこの大学改革では負け組だ。緊縮財政の強い圧力と並んで、学生までもが、人文科学や社会科学に背を向けて、それよりも市場に有利な専門分野に流れている。加えて、さらに苦い現実が追い打ちをかけた。人文科学者の多くが、かつては日が差していた空に暗雲が立ち込めている現実を見ようとせず、いわば寝坊をして、社会の変化が始まったことに気づくのが遅れてしまったのだ。また、目を覚ましても、多くは罪悪感を胸に、「自由と孤独のなかでの研究」というい わゆるドイツ的教養の伝統に同化し過ぎていたと悔いるありさまだ。スネルマンの教えを心にとめていたならば、おそらく、公の議論に早くから介入して、人文科学が自ら隅に引っ込むといった事態になるのを、事前に防げたにちがいない。もはや、別の選択肢がないようにみえるニュー・パブリック・マネージメントに対してどう対抗できるのか。この問いに対して答える責任が、人文科学者にはある。

ところが、この国の指導層も途方にくれているのだ。ほかの国がやったことに追従しているにすぎないのだから、どうしようもない。これがゆゆしきことなのは、とりわけフィンランドの文化が、スネルマン流の中央集権的共同体主義によって形成されているからなのだ。しかし、緊縮財政や標準化も、新しいアイデアや発見が舞い上がるための役には立たないという認識が、ゆっくりではあるけれど、芽生えつつある。デジタル化もまた期待されたような万能薬にはならなかった。だから、人々はまたいつの日か、精神の冒険や発見の楽しみ、そして法則的必然とは異なる偶然の原理の面白さを思い出して、学問的自由の余地を創り出すことになるかもしれない。そうなれば、何者にも介入されず、よそからの圧力も受けずに、社会問題の解決について徹底的に考え抜くことも許されようというものだ。

このシンポジウムの企画に尽力した高橋輝暁教授は、学問による人間形成としての教養理念について、日本の立場からドイツ語でもたくさん執筆している。しかし、そのように教養理念を創造的に取り戻す作業は、フィンランドを見渡しても、これまでのところ、まだ見つからない。

参考文献

Kivi, Aleksis: *Die sieben Brüder.* Roman. Aus dem Finnischen von Gustav Schmidt, durchgesehen von Andreas F. Kelletat. Helsinki: Otava; Stuttgart: Klett-Cotta 1870/1980 (= Sammlung Trajekt 2).

Snellman, Johan Vilhelm: Yliopistollisesta opiskelusta. In: *J. V. Snellman in kootut teokset.* Osa I: Filosofisia kirjoituksia. Suomentanut Jalmari Edvard Salomaa. [*Die Gesammelten Werke von J. V. Snellman.* Band 1: Philosophische Schriften. Ins Finnische übertragen von Jalmari Edvard Salomaa.] Helsinki: Werner Söderström Osakeyhtiö 1840/1932, 311–338.

Snellman, Johan Vilhelm: Om det akademiska studium. In: *J. V. Snellman. Samlade Arbeten II, 1840–1842.* [*J. V. Snellman. Gesammelte Arbeiten II, 1840–1842.*] Helsingfors: Statsrådet kansli 1840/1992, 152–171.

Snellman, Johann Wilhelm: *Om det akademiska studium.* Stockholm: Zacharias Hæggström 1840.

Snellman, Johan Vilhelm: *Deutschland. Eine Reise durch die deutschsprachigen Länder 1840–1841.* Aus dem Schwedischen von Anne Marie Hinderling-Eliasson und Robert Hinderling. Mit einem Nachwort und Kommentar von Hans Peter Neureuter. 2 Bände. Helsinki: Otava; Stuttgart: Klett-Cotta 1842/1984 (= Sammlung Trajekt 9).

第四章
文化と形成
――キケロから西田幾多郎にいたる文化概念の変遷――

ロルフ・エルバーフェルト
訳＝大田浩司／高橋輝暁

一　キケロにおける「魂の耕作」

「文化」と和訳されるドイツ語 Kultur（クルトゥーア）は、ラテン語の cultura（クルトゥーラ）に由来する。このラテン語は、もともと「農耕」との関連で「畑を耕すこと」や「手入れをすること」を意味するにすぎなかった。この cultura が、「文化」という訳語に対応する比喩的意味で最初に用いられたのは、キケロ（Marcus Tullius Cicero, 106 BC–43 BC）の『トゥスクルム荘対談集』（*Tusculanae Disputationes*, BC 45）においてだ。キケロはこの語を新たに魂と、そして哲学的内容と結びつけた。キケロが cultura という語に「魂」を意味するラテン語 animus（アニムス）の属格形 animi（アニミー）を付加して cultura animi（クルトゥーラ・アニミー）という言葉を用いたことにより、cultura は、「魂の耕作」すなわち「魂の修養」の過程を意味することになる。cultura という言葉はまだ単独で「文化」を意味していたのではなく、魂における変化の過程を指していた。キケロの著作における当該箇所には次のように記されている。

［…］どんなに肥沃な畑でも、耕されなければ、豊かな実りをもたらしえない。教育されない魂もそれと同じだ。畑と耕作についても魂と教育についても、どちらか一方が欠けただけで、不毛となる。ところで、この魂の耕作（cultura animi）とは、哲学にほかならない。哲学は悪を根こそぎ抜き取り、種を受け入れる準備を魂に施して、種を魂に委ねる、すなわち――こう言ってよければ――種を蒔く。それが、やがて成長すると、豊かな実りをもたらすことになるのだ。[1]

古典ラテン語全体を見渡してみると、**cultura**という語は次のようなさまざまな意味をもっている。（1）手を加えること、栽培、面倒をみること、世話、（2）農業、耕作、（3）（精神的な）形成、形成のための手段、道徳的陶冶、尊敬、崇拝。

さらに、これとよく似た意味のラテン語に**cultus**（クルトゥス）があり、キケロより後の時代になると**cultura**よりもその使用頻度は高い。この**cultus**という語の意味も、次のように多岐にわたる。（1）農耕、耕作、栽培、（2）世話、養育、（3）生き方、（4）衣服、装飾、（5）形成、教育、（6）（a）練習、育成、（b）尊敬、崇拝、礼拝、（c）忠誠。

もともとラテン語の**cultus**（クルトゥス）は、ドイツ語でも「文化」を意味する**Kultur**の代替として用いられることがある。今日のドイツ語でも、たとえば「文化省」は***Kultus*ministerium**（**クルトゥス**ミニステーリウム）という。ラテン語のアルファベットcは現代ドイツ語ではkで表記するから、ラテン語**cultus**を外来語としてドイツ語表記すれば、**Kultus**となる。これに対して**cultura**はドイツ語で**Kultur**（クルトゥーア）と記す。ところが、「文化省」のことを決して *Kultur*ministerium（**クルトゥーア**ミニステーリウム）とは言わない。cultus というラテン語はキリスト教の台頭に伴って、次第に宗教的な意味を帯びるようになり、とりわけ礼拝形式を指すようになった。これはドイツ語で Kult（クルト）と表記されると、独立した単語としても使える。今日では「スター崇拝」を意味するドイツ語 Star*kult*（スター**クルト**）のように大衆文化においても使われるほど一般化している。西洋では近代になっても知識人の間ではラテン語が使われており、そこでは、一八世紀にいたるまで cultus という語は cultura という語よりも頻繁に用いられていた。

二　カントにおけるドイツ語 Kultur

一八世紀の初めにラテン語の cultura という語は、とりわけ耕作、植物の栽培との関連でも、人間の魂の育成との関連でも、なお依然として、「手入れ」や「栽培」の意味で用いられていた。「文化」と和訳されるドイツ語 Kultur を最初に見出し語として採用したドイツ語辞典ないし事典は、一七七五年に出版されたヨーハン・ゲオルク・ヴァルヒ（Johann Georg Walch, 1693–1775）の『哲学事典』第四版だ。当時この単語は外来語とみなされていたので、頭文字を K ではなく、まだラテン語表記そのままに C で記した。

> Cultur はある事物の改善を意味し、その改善は、手を加えてそれを助け、努力することで達成される。それは生命のあるものについても、ないものについても言える。すなわち、あるものが、当初の自然状態とは異なる完成した状態に達したなら、それは耕作されたのだ。耕作されるのは、畑、植

物、樹木、人間などである。[2]

Cultur に関する記述は、八年後の一七八三年に出版された『ドイツ百科事典』において、すでにはるかに詳細だ。しかも、当時の用語法を反映して「耕作」と「文化」というふたつの異なった意味を記す。

国の財務官僚の用語法によると、「大地の耕作」は土地の有利な利用により国家の共同体のために最善を尽くそうとする政府の努力を意味する。[…]（1）優れた耕作は森林が他の土地と良い比率を保つように配慮する。（2）優れた耕作は干拓を行い、しっかりとした水路を築く。（3）優れた耕作はさまざまな土地の種類に関する豊富な知識を要求し、さまざまな状況に応じて土地を改良できる。（4）優れた改良はあらゆる種類の農耕に、大きな利益をもたらし、最高の収穫高と持続的な富を与える。[…]

「文化」という言葉は、比喩的な意味で個別の人間についても民族全体についても用いられる。そして大抵はその意味する内実が定まっていない。そこに昔から自分たち以外の民族に文化が備わっていることを認めない原因がある。フランス国民が自分たちをヨーロッパにおいて唯一の文化的国民と思っていたのは、まだそう昔のことではない。（というのも、その他の地域に住む民族は、いずれにしても眼中になかったのだ。）この言葉を道徳的意味で用いるなら、文化的人間というのは、自分の肉体と魂の能力を眠らせておくのではなく、自分の使命にしたがって、自分に教育と訓練を施し、可能な限り自分の完成度を高める人間のことだろう。そして多くの文化的人間から成る民族が文化的民族と呼ばれる。このように考えるなら、農夫や職人が自分の職業に関して必要な知識や能力を遺漏なく備えているなら、そこに文化を認めないわけにはゆかないだろう。このように獲得された知識や能力を洗練させて、他者に気に入られ、好かれるようになるなら、その洗練の度は一段と上がることになる。この説明を受け入れるなら、洗練されていない文化はあるが、文化のない洗練はありえないということが分かる。良い教育は文化をもたらす。しかし、人間が洗練されるためには、他者との交際によるほかない、あるいは民族であれば、他民族との交際によるほかない。(3)

最初の記述は、もっぱらCulturという言葉の農業的意味のみを問題にしている。これに対して、二番目の記述はその比喩的な意味の説明で、そこに記された範囲での意味に用いるのがCulturの一般的用法だった。Culturという言葉を上記の比喩的な意味を中心に考えたのが、一八世紀におけるドイツ語圏の偉大な哲学者たちのひとりであるイマヌエル・カント（Immanuel Kant, 1724–1804）にほかならない。ドイツ語の語彙に根づいたばかりのKulturすなわち「文化」という言葉を、カントは私たちが今日もはやほとんど用いなくなった意味で使用した。カントにとって「文化」とは、人間を、そのさまざまな心的諸能力を耕作することだった。「文化」という単語をこうした意味で使用するにあたって、カントはキケロの用法を受け継ぐとともに、それを拡張した。カントにおいて「文化」とは、広い意味で個別の人間のBildung（ビルドゥング）すなわち「形成」と、言い換えれば「耕作」と意味的にかなり重なる。カントはしばしば「文化」という単語の属格を用いた表現で、「人間理性の文化」、「意志の文化」、「道徳的感情の文化」、「徳の文化」、「趣味の文化」、「才能と技巧の文化」、あるいはすべてをまとめて「心的諸能力の文化」ならびに「精神的諸能力の、心的諸能力の、そして肉体的諸能力の文化[4]」という。こうしたさまざまなレベルで「耕作」と言っているのを見ると、さまざまなレベルにおける持続的な耕作の運動を通じてはじめて人間となる生きた存在としてカントは人間を捉えていたのだ。確かに、人間は誰でもこの世に生まれることによって人間になれる。しかし、人間は、生まれたままの自然物としては、本当に人間であるとは言えない。この意味で、人間は誰でも人間になるために生まれつき与えられた可能性を発展させなければならない、というのが「文化」だ。したがって「文化」とは同時に人間の「究極目的」でもある。

それゆえ、自然における人間のすべての目的のうち、ただ形式的な主観的条件だけが残る。それは有能性にほかならない。それは、すなわち、そもそも自分自身に目的を設定し、また（自然に依存せずに目的を設定するのであれば）人間が自由に設定した目的を達成するために一般的に求められる規則に従って自然を手段として使用する能力だ。ところが、この有能性のみが自然における目的として残るようにと設定したのは自然なのだ。そのとき自然は、自然の外にある究極目的を意図しており、したがって、有能性が残るようにすることを自然の最終目的とみなさねばならない。任意のさまざまな目的に対して理性的存在者である人間が有能性を発揮して（したがってこの存在者の自由において）産出すること、これが文化である。それゆえ、究極目的とは文化にほかならない。その意味で、文化という究極目的を人類は自然に負うというのには、理由があるのだ[5]。

ここで、「文化」は能動的な意味で「産出すること」だとカントは明言している。「文化」は初めから与えられているのではなく、——上の引用箇所でカントが付加しているさまざまな規定（有能性、理性的存在者、任意のさまざまな目的）は省略するとして——人間の行為において「自由」を実現しようと一生を通じて絶えず努力を続けることにほかならない。ここでいう「自由」とは決して恣意的な行為ではなく、目的を設定する能力のことであり、人間のこの能力は、自己自身について、そしてあらゆる他者の目的設定の能力について具体的な状況で反省するときにだけ発揮される。ここでは「文化」と「自由」という二つの概念が緊密に結びついているのに、その結びつきが一般に流布したカント解釈ではあまり注意されていない。上の引用箇所からすぐ分かるように、「耕作としての文化」と「自由」とがカントにおいてきわめて緊密に結合しているとすれば、人間にとって自由な行為とは、道徳的な意志決定の実行においてのみ実現する可能性であるとしても、それは人間の心的諸能力すべての耕作と連動した可能性にほかならない。

カントの自由の構想は、自由の可能性と現実性との緊張関係の中にあり、そこでは、**自由の現実性**はただあらゆる次元の文化と耕作とを通じてのみ高められ、また生き生きと維持されうる。というのも個別の人間は自由を**自分なりのかたちで**実現するにあたって、その実現のかたちをつくる、すなわち耕作する手を緩めるやいなや、個別の人間の行為は習慣とルーティーンの力に負けてしまう。「文化」、そして「耕作」が人間の自由な行為をそのたびごとに生み出すのだから、この二つは、カントにとって最終的に道徳実現のための必然的な条件を成す。というのも、自由の行使はカントにおいてまさに道徳の根本現象にほかならないのだ。自由の行使を実現するためには、とりわけ「自己の完全性」を耕作しておく必要がある。

三　ヘルダーにおけるドイツ語 Kultur

ヨハン・ゴットフリート・ヘルダー（Johann Gottfried Herder, 1744–1803）は「文化」を語るのに——カントと同様に——もっぱら単数形の Kultur を用いており、その著作の中に複数形の Kulturen は見あたらない。ヘルダーが Kultur という言葉を用いるとき、個別の人間の形成とその心の耕作ではなく、むしろ民族全体の形成とその文化の耕作、人類全体の心の形成とその耕作について、その程度や段階を論じている。ヘルダーは「形成された」あるいは「耕作された」諸民族と言い、「形成された」あるいは「耕作された」諸国家と言う。諸民族と諸国家は「形成され」あるいは「耕作され」ることによって、野生の状態を脱し、次第に「自然」から離れていくのだ。[6] ヘルダーにとって、諸民族の耕作には「人間性」(Humanität) といわれる肯定的な目的がある。[7] ヘルダーの歴史解釈から繰り返し読み取れるのは、さまざまに異なる段階を歩む人類の歴史は、最終的にひとつの目的を目指しているということだ。

私たちが生全体を貫くこの人間の二度目の創造を、畑の耕作をもとに「文化」と名づけ、あるいは光のイメージをもとに「開明」すなわち「啓蒙」と名づけることは許されよう。「文化」と「啓蒙」が繋ぐ絆は、大地の果てにまで達する。カリフォルニアの住民やフエゴ島の住民も弓と矢の作り方と使い方を学んだ。その人たちも言葉と概念、習慣と技芸をもち、それらを私たちと同じように学んだ。その限りで、その人たちはたとえ最も低い段階にあるにせよ、実際にその心が耕やされ、啓蒙されつつあったのである。だから、啓蒙された民族と啓蒙されていない民族との違いは、また文化をもつ民族と文化をもたない民族との違いは、それぞれに固有の特徴ではなく、単にその程度の差にすぎない。(8)

ヘルダーの文化の概念を適用すれば、どの民族も、程度の差こそあれ、それぞれ「文化」をもつ。人間は誰しも「文化」をもつというのは、今日の視点からすればあまりにも自明なことのように思われる。当時はしかし、あらゆる人間に「文化」を認めるというのは、むしろ例外的だった。というのも、当時のヨーロッパ人の想像力では、多くの民族をむしろ動物に近いものとして、あるいは全く動物そのものとして見ることしかできなかったからだ。(9) ヘルダーの文化の概念は、人類を文化に、そして心の耕作に基づく一つの共同体として思い描く。その文化と心の耕作に基づいて、あらゆる人間が、自由にそしてそれぞれ異なったやり方で、人間らしい人間になる。これが「二度目の創造」にほかならない。しかし、上に引用した箇所からは一貫した目的が透けて見える。その目的は、「人間性」という理念のもとで、全人類を通じて、できるだけ高度に心が耕され、啓蒙されるところにある。これは一八世紀に単数形の「文化」すなわち Kultur を単数形で用いたときの根本的な視点に直結する。(10)

たとえわれわれが今日「文化」の段階と程度を当たり前のように区分するのはもはや不可能だとしても、ヘルダーは「文化」という言葉で、さまざまな人間の、そしてさまざまな民族の自己形成の活動を比較するときに必要な〈比較の共通項〉を創造した。しかもそれは、神を起源としない〈比較の共通項〉なのだ。この〈比較の共通項〉は神にではなく、むしろ人間のその時どきの偶然的な行いと働きに根ざしている。新たに文化を形成し文化遺産を守る行為をひっくるめて「文化」と名づけ、「耕すこと」を意味する「動作名詞」[11]として「文化」すなわちKulturを単数形で用いることにより、全人類が**文化的活動**の地平の中で一つの共同体となる。厳密には、文化という言葉が意味するのは、この営みの結果ではなく、形作り形成する過程にほかならない[12]。この「文化」という名称には諸国家、諸民族、諸言語、諸宗教などを包括的に比較する過程が先行しているけれど、この比較の過程はしかし、「文化」という言葉自体には直接的に現れることなく、いわば隠れてしまっている。というのも、人間のこれらの活動のいずれについても、それらを比較する場としての地平それ自体は、その地平において営まれる比較の中に現れることがないからだ！　言い換えれば、文化という包括的な〈比較の共通項〉は、人間すべての文化的活動をまず一つの比較の地平に置く。だから、この比較の地平それ自体が人間のあらゆる有限の活動形式を包括していることになる。この考え方の枠組みでは、まずとりわけ諸民族と諸国家が相互に比較されるとしても、「諸文化」が、すなわち複数の「文化」が相互に比較されることはない。なぜなら、「文化」の複数形はまだ登場しないからである。文化の複数形が現れて初めて、「文化」という言葉において文化の営みの結果という意味が前面に出て、さまざまな「諸文化」と言われるようになる[13]。

カントとヘルダーにおいて文化概念は——両者がこの概念を異なった意味で使用しているとはいえ——一貫して結果ではなく過程を指す概念として考えられているので、「文化」すなわちKulturは、一方で人間、諸民族そして全人類の形成の過程を、そして他方でこの形成が生起し、あらゆる人間が包括される次元を表している。カントとヘルダーにおいて「文化」すなわちKulturは「形成」すなわちBildungと多くの点において類義語的だ。Kulturという言葉の意味は一九世紀の初めに変化し、産業革命の拡大とともに、次第に文化の結果としての物質的な次元をも含むようになった。「文化」の意味が段階的に広がるこの過程は、『ブロックハウス百科事典』のCulturという項目にまとめられ、「文化」のさまざまな領域を区別して「文化の分枝」を次のように記す。

このようにある民族の政治的・宗教的な状態も、またそれに劣らず社会的な交際様式、風習、慣習も、道徳的文化に属する。言語と文学、学校や授業の制度は知的文化に、農業、産業、商業、航海、街道や郵便制度などの状態は技術的文化に属している。(14)

この引用文によれば、「文化」はあらゆる行為の諸形式を、人間が自分の生を人間的諸力にふさわしく形づくる行為の形式をすべて包括する。この行為の諸形式は地上のあらゆる人間に見られるので、文化は人間を人間たらしめるものとなる。文化が存在する所には、必ずまた人間も存在する。このように人間を文化によって解釈するとき、そこで見落とされがちなのは、人間を文化的存在として解釈すること自体がきわめて多くの前提条件に依存している点だ。この前提条件自体は、もはや「文化的」と称することができない。というのは「文化的」という言語表現が「文化」に、すなわち自己に適用されることになってしまうからだ。ここで明らかになるのは、言語の枠内で「文化的」という意味から逃れたり、「文化的」という意味を相対化したりすることがいかに難しいかということだ。

文法的に見ると、「文化」すなわちKulturという言葉をカントやヘルダーはもっぱら単数形で用いている。すなわち、これはこの単語の複数形がつくられなかったことを意味する。ちょうどドイツ語では「バター」に複数形が存在しないように、Kulturという語の複数形は一八世紀および一九世紀初頭に哲学や精神科学のテキストの中でまだつくることができなかったのだ。

四 「文化」の複数形Kulturen——ニーチェとシュペングラー

およそ一九世紀中盤までドイツ語で「文化」という言葉には単数形しかなかった。その後ようやく精神科学の中でも複数形でKulturenすなわち「諸文化」という用法が生まれた。文化概念についての従来の研究では、この小さな一歩ではあるが、しかし大きな影響を及ぼした発展がほとんど注意されていない。単数形の「文化」すなわちKulturがヘルダーによる人類史の新しい構想に重要な役割を果たした後、複数形のKulturenが一八六〇年代にアドルフ・バスティアン（Adolf Bastian, 1826–1905）の民俗学に導入されるまで、百年余りもかかったのだ。それぞれ独自の「諸文化」という意味で複数形Kulturenが現在までに分かっている限り最初に登場したとき、次のように記されている。

高慢な思い上がり、エゴイズムの結果としていたるところで繰り返されるこの尊大さこそが、ヨーロッパ人を誤った考えに長いこと誘導してきた。だからこそヨーロッパ人は、自己を人類の理想とし、自分たちの時代以外の時代を軽蔑的に見下し、社会生活を通じてさまざまなものの見方を身につけようとする民族を、すでにそのことだけで、ことごとく断罪してきたのだ。地球を覆う広大な大陸では無数の民族がそれぞれ独自の文化を、すなわち複数の諸文化［Kulturen］を発展させていることを、ヨーロッパ人は考えもしない。文明の光線が未開の森にまだ差し込んでいなかった頃に生まれては消えていった輝かしい時代がかつてあったことを、ヨーロッパ人は覚えていない。(15)

「諸文化」すなわちKulturenという複数形は、数年後にヤーコプ・ブルクハルト（Jacob Burckhardt, 1818–1897）の歴史学の重要な箇所でも使用されている。フリードリヒ・ニーチェ（Friedrich Nietzsche, 1844–1900）はブルクハルトが用いた複数形を受け継ぎ、一八七二年の『悲劇の誕生』の中で何度も使用している。単数形の「文化」すなわちKulturと複数形の「諸文化」すなわちKulturenとの概念的な違いを非常に明瞭に認識していたひとりはフリッツ・マウトナー（Fritz Mauthner, 1849–1923）で、その『哲学事典』にこう記している。

文化概念の理解を妨げる理由を言うには、ほんのささいな言語上の注釈ですむかもしれない。Kulturすなわち「文化」という単数形で無冠詞の語は、Bildungすなわち「形成」という重要な言葉よりももっと強く、頂点を、憧れを、目標を、要するに、さまざまな民族それぞれの生の限界概念を指す。つまりその意味するところは、課題、義務、なすべきことなのだ。民族は、人間は文化をもたねばならない。［…］それはそれとして、客観的にみれば、どの民族も何らかの文化を、何らかの風俗習慣の総体をもっている。そして、この風俗習慣の多様な総体あるいはさまざまな文化［Kulturen］に取り組むのが、比較文化学だ。われわれがここに見ているのは、複数形とは単数の指すものが単にいくつも重複してあるという意味ではないことのよくある一例にすぎない。単数形のKulturすなわち「文化」とは、人間あるいは民族が発展するときに目標となるはずのあるべき状態のことだ。さまざまな民族のKulturenすなわち「諸文化」という複数形は、いまある状態を指す。(16)

この説明が指摘しているのは、単数形の「文化」の概念を、相異なる単数形のものを包摂する複数形の「諸文化」の概念からどうしても区別しなければならないことだ。この区別によって概念形成に関する根本的な問いが生ずる。そもそも概念というのは単数形と結びついているのだろうか? ある概念の複数形をつくるということ自体がそもそも可能なのだろうか? ところが、「諸文化」という複数形の概念によって明らかになったのは、概念をつくるときには、複数形から出発しなければ意味をなさないということだ。なぜなら、単数形は複数形とは根本的に異なる意味をもっているからにほかならない。哲学的な概念を形成するにあたって、そもそも単数形と複数形とが相互にどう関係しているのだろうか、という問題は、これまであまりにも等閑視されてきたように思われる。この視点は早急によく考えてみなければならない。加えて、ここでは特に次のような疑問が浮かぶ。中国語や日本語のように単数形と複数形とを文法的に区別しない言語では、単数と複数とのこの区別をどのようにしているのかという疑問だ。「文化」すなわちドイツ語のKulturという単語の語史について生じた文法的問題は、複数形の「概念」すなわち「諸概念」というとらえ方ときわめて密接に結びついている。しかも、それは哲学にとってだけの問題ではなかろう。とはいえ、この少なくとも哲学的に重要な問題にこれ以上ここで立ち入るのはやめておこう。

複数形の形成によって生まれた「諸文化」(Kulturen)が、文化活動によって生じた産物だと理解されるようになって初めて、「諸文化」のそれぞれが相互に比較の対象となり得る。単数の文化の概念に潜んでいた比較がここで文化概念自体の表面に出てくる。このことは、直前のヤーコプ・ブルクハルトから文化の複数形 **Kulturen** すなわち「諸文化」を受け継いだニーチェが一八七八年の著作『人間的な、あまりに人間的な』の有名な断章二三で明言している。長くなるが、この断章を引用して再確認しよう。

比較する時代。——人間が伝統的なものに縛られる度合いが減少すれば、それだけ人心の内面にある動機が活発になり、それだけまた相応に外面における不穏な動き、入り乱れた人間の奔流、もろもろの企ての多声音楽も大きくなる。誰が今さら、一つの場所に自分や子孫を縛りつけるように厳しく強制されているだろうか? 誰が今さら厳しく縛るものに従うだろうか? さまざまな芸術様式がすべて並列的にそれぞれ模倣されるように、さまざまな道徳、さまざまな風習、さまざまな文化もその段階と種類を問わず模倣される。——このような時代の意義は、そこでさまざまな世界観、さまざまな風習、さまざまな文化が比較され並列的に体験されうるところにある、[…] これこそ比較する時代だ! これこそが時代の誇りなのだ——これがしかし時代の苦しみでもあるのは当然だ。この苦しみを恐れまい! むしろわれわれは、時代がわれわれに提起する課題をできるだけ大きく考えよう、そうすれば、後世がそれゆえに祝福してくれるだろう——閉鎖的な固有の民族文化からも比較する文化からも超え出ていると思いつつも、このふたつの文化を尊重すべき古代の遺産として感謝の念をもって回顧するような後世が。(17)

ここに引用されたニーチェの文章が強調しているのは、「比較する時代」自体が、静的なものでなく、きわめて動きの激しいものであることだ。ニーチェの考えでは、相異なる諸文化が並存し得るにもかかわらず、それらの諸文化は決して静的な姿にならない。むしろ肝心なのは、「比較する」こと自体が一つの実り豊かな「文化」になることなのだ。「比較する」という営み自体が、単数形の Kultur すなわち「文化」と複数形の Kulturen すなわち「諸文化」とを、言い換えれば、もともと心を耕作する活動という意味での「文化」とそのもろもろの成果として形成された「諸文化」とを結びつける。この「比較する文化」という言葉は、比較する文化がその実践によって複数の諸文化を相互に関係づけることを意味すると理解できよう。このことを表すのに二〇世紀になって初めて登場した新語が、Interkulturalität（インタークルトゥラリテート）すなわち「相互文化性」だ。ニーチェは複数形の「諸文化」を次第に強調するようになり、このことは、文化の意味の発展に少なからず影響を与えた。特にオスヴァルト・シュペングラー(Oswald Spengler, 1880–1936) はニーチェの影響を受け、複数形の「諸文化」——この複数形は二〇世紀初頭になるとドイツ語の中で急速に広まった——を受容し、そこに今日からは当然ながら厳しく批判されている意味を付与した。シュペングラーによれば、複数の諸文化のそれぞれがそれ自体の内から内在的に理解されるべき有機体だというのだ。

どの文化にも自己表現の新しい可能性がある。この可能性は現れ、熟し、枯れゆき、決して戻ってこない。その本質においてまったく相異なる彫刻、絵画、数学、物理学がある。そのどれもが自己完結するのは、どんな種類の植物であれすべてそれぞれに固有の花と果実をつけ、その成長と凋落にもそれぞれ固有の類型があるのと同じだ。これらのさまざまな諸文化は、いわば最も高級な生物であり、野の花たちと同じように、目的に縛られない崇高さをもって成長する。[18]

シュペングラーにおいて初めて、複数形の諸文化の概念に関するラディカルな相対主義、そしてある意味で静的な相対主義が出現した。しかも、この相対主義はすでにヘルダーの中に見出せると言われている。シュペングラーは複数形を、相対化しつつ実体化する視点から極端に先鋭化することで、諸文化という複数形を用いて、諸文化の中に含まれるすべてのものをも複数化する。

道徳の数は文化の数だけあり、それより多くもなければ少なくもない。この点では誰も勝手な選択ができない。どの画家もどの音楽家も、それぞれ内的必然性の力から生じるので全く意識されない何かをもっている。それは作品の表現形式をあらかじめ支配し、**あらゆる**他の諸文化の芸術的成果から区別する。それと同じく、文化的人間の**どの**人生観にもあらかじめ、すなわちカントのいうきわめて厳密な意味でア・プリオリに前提されている特質がある。それは、一瞬一瞬の判断や努力のどれよりもずっと深いところに根ざす。そしてそれは、**様式**がある特定の文化の様式だと認識させるのだ。個別の人間には、自己の文化の根源的感情に基づいて、道徳的にもあるいは非道徳的にも、「善く」も「悪く」も行為する可能性がある。しかし、その行為を導く理屈はあらかじめ与えられているのだ。その行為のために、各文化はそれぞれ固有の標準を用意しており、その標準の妥当性はその文化とともに始まり、そして終わる。人間全体に普遍的な道徳はない[19]。

数の世界はいくつもある。それは文化がいくつもあるからだ。数学的思考には、したがって数の類型には、インドの型、アラビアの型、ギリシア・ローマの型、西欧の型がある。この型はどれも、その根底からして固有なものであり、唯一無二のものであり、どれも相異なる世界感情の表現であり、どれも、その妥当性が科学的に厳しく限定された記号であり、個別の文化において生成したものの秩序としての原理である。この秩序に映し出されるのは、唯一無二であって決して他のものではない魂の最深部にある本質で、その魂は、正しくこの文化であって他のいかなるものでもない文化の中心をなす。だからこそ数学は一つではなく、いくつもあるのだ。というのも、ユークリッド幾何学の内的構造がデカルト幾何学のそれとまったく違っていること、アルキメデスの解析がガウスのそれと違っていること、そしてそれがただその言語形式、意図と手法とに関してだけでなく、何よりもその深部においても違っていることは疑いない。［…］**数学はひとつではなく、複数あるのだ**[20]。

シュペングラーをもって、複数形 Kulturen すなわち「諸文化」の使用がドイツ語に定着した。今日では「諸文化」という複数形を使わずに文化現象を記述しようとしても、意図的にそうするのでない限り、複数形を回避することがほとんど不可能であることは明らかだ。文化という概念を文化人類学の記述に用いることを完全に放棄する、あるいはそれを文化人類学の用語から意識的に削除することについて、今日の文化人類学では激しく議論が戦わされている。その議論で問題になっているのが何よりも複数形の

*Kulturen*すなわち「諸文化」だということは、その議論においても必ずしも明確になっていない。(21)学問分野によっては、複数形の「諸文化」を語彙から削除することが可能かもしれない。しかし、言語の日常的な使用においては、今のところ、不可能のように思われる。

五　西田幾多郎における諸文化の哲学

西田幾多郎（一八七〇～一九四五）の諸文化の哲学に立ち入る前に、Kulturという単語が日本語で「文化」と訳された経緯について、簡単に記しておきたい。この単語は、一九世紀末に日本語に翻訳されたとき、ドイツ語においては人間や国家の「形成」すなわちBildungとほとんど同じ意味だった。このことはまた日本語の訳語「文化」にも現れている。この日本語は、中国の古典的概念である「文」を取り入れている。「文」はドイツ語のBildungすなわち「形成」に対応する。一九世紀末に「文化」という日本語訳が導入された頃に、ドイツ語では複数形の「諸文化」すなわちKulturenが成立した。一八六〇年頃まで複数形はほとんど使われなかったのだ。この複数形とともに「さまざまな諸文化」という語法を可能にする新しい文化概念が成立した。日本語では単数形の文化（一七六〇～一八六〇年のドイツ語におけるKultur）と複数形の「諸文化」（一八六〇年以後のドイツ語におけるKulturen）とを明確に区別することが容易ではなかったので、「文化」という言葉の用法にしばしば混乱が生じた。単数の「文化」と複数の「諸文化」との間にあるこの意味的階層の違いを区別するためには、おそらく「魂の耕作」という意味での「個人の形成」と、「国民精神の耕作」という意味での「国民の形成」と、複数で用いられる意味での「諸文化」と、この三つに分けて考えることが有効かもしれない。

西田幾多郎は、当初、文化の概念にはあまり関心がなかった。一九三〇年代になって初めて西田は「文化」の哲学あるいは「諸文化」の哲学を展開し始め、この哲学で人類の歴史的発展の新しい構想を展開した。ドイツ語の Bildung すなわち「形成」という言葉を西田が使っているのは一回だけで、それも「とにかく Bildung のある人のようです[22]」という文脈だ。しかし、だからといって、きわめて一般的な意味での Bildung すなわち「形成」に対する関心が西田に欠けていたということではない。西田はかなり早い時期に「形成作用」という言葉を用いており、それを西田自身が Gestaltungstätigkeit（ゲシュタルトゥングステーティヒカイト）というドイツ語に訳している[23]。西田は文化について考え始めたのと同じ頃に、この「形成作用」という言葉もますます頻繁に用いるようになっていた。この言葉は「像あるいは形をつくる行為」を意味する Bildeakt というドイツ語か、もしくはヘルダーもしばしば用いた意味での、すなわちごく一般的な意味での「形成」を指す Bildung というドイツ語に再翻訳してもよいかもしれない。

一九三〇年代以降、西田は歴史哲学を展開し、そこでは複数の諸個人を、複数のさまざまな諸文化を、そして全人類をしっかりと見据えていた。歴史の形成は西田にとって常に、諸個人、諸文化そして全人類が弁証法的な関係の中で同時に形成されることにほかならない。歴史を構成するあらゆる次元が基本的に相互に形成し合う関係にあるのだ。西田流に言えば、次のようになるだろう。個人の形成なくしては、また全人類へと繋がるのでなければ、そのような諸文化は全体主義的である。諸個人も人類の普遍的理念も、単数の意味での文化と、そして複数の意味での諸文化と結びついていなければ、空虚である。

而してかゝる形成作用が、絶對矛盾的自己同一の世界の自己限定として、そこに世界が世界自身を限定する、形が形自身を形成するかぎり、イデヤ的としてそれが文化作用であるのである。作られたものから作るものへと自己自身を形成し行く社會の自己生產作用が、自己自身を形成する能働的な形の作用として、そこに新しい形が生れる、新しい種が生れる。新しい人間が生れるかぎり、それは文化作用であるのである。[24]

併し文化作用とは歷史的世界の自己形成として、そこに人間が成立することである。文化發展とは新しい人間が形成せられることである、新な人間の種が生れることである。人間社會は個物的多と全體的一との矛盾的自己同一として、種が生きることによつて個が生き、個が生きることによつて種が生き、作られたものから作るものへとして自己自身を維持し行く。斯く絶對矛盾的自己同一的世界の種として、自己自身を形成する種的形成、即ち人間形成が、文化と云ふものである。[25]

西田が歴史的運動のモデルとして理解している芸術と同様に、諸文化を考察する西田は、客観的対象を中心に据えるというほど単純ではない。西田の考察の中心にあるのは文化を創造する行為で、その行為において、人間は自分自身を生み出すと同時に生み出されるというのだ。諸文化は、さまざまな個人がそれぞれに描くさまざまな世界で、単に目の前に存在するのではない。それは、絶え間なく新しい自己を創造してゆくのだ。さもなければ、諸文化は硬直化し、ただ古い伝統だけを金科玉条として墨守することになる。ところが、そのように硬直した伝統など、絶対にありえないのだ。したがって、諸文化は、諸個人が自己を表現する場所を創造的に形成することによって、常に歴史的生成の中にある。文化をめぐる議論では、この点に十分な注意を払っていないことが少なくない。西田はしかしまさにこの形成的な側面を重視している。西田自身は自分を日本の文化的創造における一契機と考えていた。西田はそのつど新しい人間を生み出すことが文化であると理解していた。ある文化を生み出すことは、したがって繰り返し新しく人間のあるべき姿について決断してゆくことだ。だから人間という抽象的な存在はあり得ないことになる。すなわち、人間であるということは、個別の文化的な世界の中で生き、そこで文化を形成する契機として活動し、その結果として人間であることについて自己の解釈を生み出すことにほかならない。

世界のさまざまな地域において文化的活動から相異なる諸文化ができてくる。文化的活動のすべてに共通なのは、歴史的に形成される点で、この歴史的形成を西田は「行為的直観」と名づけている。「行為的直観」の核心は、単に理念だけを基礎とするのでも、また単に物質だけを基礎にするのでもないという点にある。むしろ「行為的直観」という意味での活動は身体的活動であり、そこには理念的なものと物質的なものとが、そして個人的なものと社会的なものとが、絶対矛盾的自己同一として、つねに相互的に浸透し合い、相互的に規定し合い、ゆえにお互いに不可分なのだ。[26]

カントは特に個人の形成を強調した。それに対してヘルダーは諸国民と人類の形成とを中心に据えた。西田はこれらのあらゆる次元を諸文化の哲学に統合し、諸個人、諸文化および人類を創造的相互形成の中で考えた。一九三〇年代の政治的状況に関する西田の理解は、今日の視点から見ると必ずしも十全に満足できるようなものでなかったかもしれない。たとえそうだとしても、西田が人類の歴史の形成について、今日にいたるまでアクチュアリティーを失っていない構想を提示したことは確かだ。西田は、諸文化の哲学において諸個人の形成、諸文化の形成および人類の形成とを結合して、動的な諸文化が相互に働き合う共同体を構想したのである。

したがって、西田哲学の最も重要な貢献は、世界の歴史もしくは諸世界の歴史を日本の視点から新たに考え直したところにある。それどころか、西田が用意した端緒は、また、世界の歴史ないしは諸世界の歴史をそれぞれ異なる各文化の立場から新たに反省し直し、よく考え直してみるように促す。そうすれば、日本、中国、インド、アフリカ、北アメリカ、南アメリカ等々の視点から見た世界史のあることが分かる。多角的な視点からみた世界史の形姿を展開することは、今日でもなお哲学の大きな課題だ。この課題への取り組みに究極的な完結はあり得ない。なぜならば、諸個人も諸文化も、相互に働きかける運動を続けることにおいてのみ、生き生きとした生命を保つということ、それが諸個人の現実であり、また諸文化の現実なのだから。

註

1 Cicero, Marcus Tullius: *Gespräche in Tusculum*, übers. u. hg. v. Olof Gigon, München 1970, S. 114／キケロー（木村健治／岩谷智訳）『トゥスクルム荘対談集』（『キケロー選集』第一二巻（岩波書店）二〇〇二、一一〇頁）ただし、本文の和訳は、その原文で本文に引用された Olof Gigon のドイツ語訳に基づいて、本文の訳者が作成した。

2 Walch, Johann Georg: *Philosophisches Lexicon*, Bd. 1., 4. Auflage, Leipzig 1775, S. 666.

3 *Deutsche Encyclopädie oder Allgemeines Real-Wörterbuch aller Künste und Wissenschaften*, 23 Bde., Bd. 6 Coa – Dek, 1778–1807.

4 カントでこの語法が見られるのは、とりわけ『人倫の形而上学』(*Die Metaphysik der Sitten*, 1797)のうち道徳論の部分だ。

5 Kant, *Kritik der Urteilskraft*, §83／カント（牧野英二訳）『判断力批判　下』〔『カント全集』第九巻（岩波書店）二〇〇〇、一一〇頁〕ただし、本文に引用された箇所の和訳は、本文の訳者が作成した。

6 「国々の文化が増大すればするほど、荒れ地の面積はますます狭くなり、粗野な住民はますます少なくなる。同じように我々の種族においても、人間の文化の増大が当然の影響を与え、身体の動物的な強さが弱まるとともに粗野な情熱に傾く素質も弱まり、さらに繊細な人間的な体つきになる。」Herder, Johann Gottfried: *Ideen zur Philosophie der Geschichte der Menschheit*. In: Herder, Johann Gottfried: *Werke in 10 Bänden*, hg. v. M. Bollacher et al., Bd. 6, Frankfurt a. M. 1986ff, S. 639.

7 「歴史をたどってみて明らかになるのは、真の人間性が育つにつれて、人類の中で育つ破壊的なデーモンが減少していったということ、しかもそれが啓蒙的理性と政策との内にある自然法則によるということだ。」Ebd., S. 639.

8 Ebd., S. 340.

9 ここで一六世紀スペインのバリャドリッド論争を想起されたい。ラス・カサスとセプルベダが、アメリカの原住民は人間であるかそれとも動物であるかについて論争したのだ。最終的に原住民は教会によって人間であると認知され、そのことは原住民を奴隷化することを不可能にしたとはいえ、原住民の置かれた状況は決して改善されなかった。人間として認められているにもかかわらず拷問や抑圧を受ける状態は、基本的にもっと悪辣である。この裁定はそれからとりわけアフリカの先住民が奴隷としてアメリカに送られることにつながった。この奴隷にされた黒人たちがアメリカにおいて十全の意味で人間と認知されるのは、周知の通り、ようやく一九世紀になってからだ。

10 二〇世紀半ば以降、この過程は「近代化」といわれ、今日にいたるまで単なる技術的発展や経済的進歩としばしば同一視されている。

11 ドイツ語では、Kulturすなわち「文化」におけるのと同様のことが、Bildungすなわち「形成」とAufklärungすなわち「啓蒙」という動作名詞においても生じている。Niedermann, Joseph: *Kultur. Werden und Wandlungen des Begriffs und seiner Ersatzbegriffe von Cicero bis Herder.* Florenz 1941, S. 12.

12 ヘルダーにおいては、Kulturすなわち「文化」という言葉が地理的な地域と結びついて用いられた——たとえば「ヨーロッパ文化」というように——いくつかの箇所でのみ、過程としてのKulturと結果としてのKulturとの間でその意味が揺れ始める。

13 ニーダーマンは次のように述べている。「文化概念は二つの概念に分裂したままだろう。ひとつは、相対的な民族的・歴史的概念で、物質文化の概念から発展し、複数形を形成する。もうひとつは、価値判断と形成すべき方向性を含意する概念で、単数形でのみ用いられ、思考体系や民族的世界観の変遷による影響を特に強く受ける。なぜならば、この概念はとりわけ個別の人間の文化的性格にもまた人類の文化的性格にも依存しているからである。」Niedermann, *Kultur*, a.a.O., S. 170.

14 *Real-Encyklopädie* (Brockhaus), 11. Auflage 1864–1868, 15 Bände.

15 Bastian, Adolf: *Der Mensch in der Geschichte. Zur Begründung einer psychologischen Weltanschauung. Die Psychologie als Naturwissenschaft*, 1. Band, Leipzig 1860, S. 230. この本の中で「諸文化」という複数形が出てくるのは、一か所のみとはいえ、これ以上は望むべくもないほど一義的に用いられている。一八六八年のバスティアンの著書（*Das Beständige in den Menschenrassen und die Spielweite ihrer Veränderlichkeit*）ではKulturenすなわち「諸文化」という複数形が頻繁に登場する。この著作における複数形「諸文化」の使い方は、第三帝国の時代の人種主義の理論にまで繋がるという意味で、すでに特別な問題を含んでいる。

16 Mauthner, *Wörterbuch der Philosophie. Neue Beiträge zu einer Kritik der Sprache von Fritz Mauthner.* zweite, vermehrte Auflage, 2. Band. Leipzig 1924, S. 262.

17 Nietzsche, *Menschliches, Allzumenschliches.* In: Nietzsche, Friedrich: *Kritische Studienausgabe*, 15. Bd., hg. v. G. Colli u. M. Montinari,

München 1988, Bd. 2, S. 44／フリードリヒ・ニーチェ（池尾健一訳）『人間的、あまりに人間的Ｉ』〔『ニーチェ全集』第五巻（ちくま学芸文庫）一九九四、五一頁。ただし、本文に引用された箇所の和訳は、本文の訳者が作成した。

18 Spengler, Oswald: *Der Untergang des Abendlandes*, 7. Auflage, München 1983, S. 29／O・シュペングラー（村松正俊訳）『西洋の没落――世界史の形態学の素描――』第一巻（五月書房）二〇一五、五〇頁。ただし、本文に引用された箇所の和訳は、本文の訳者が作成した（本書の訳文に関して以下も同様）。

19 Ebd., S. 439f.〔同上、四七一頁〕

20 Ebd., S. 79f.〔同上、一一一～一一三頁〕

21 Vgl. Abu-Lughod, Lila: *Writing Against Culture*. In: Richard Fox (ed.): *Recapturing Anthropology. Working in the Present*. Santa Fe 1991, S. 137–162.

22 安倍能成ほか編『西田幾多郎全集』第一九巻（岩波書店）一九六六、六〇九頁。

23 『西田幾多郎全集』第二巻、三一〇頁。Gestaltungstätigkeit の訳語として、西田が「形成作用」という日本語をあてた可能性もある。

24 『西田幾多郎全集』第一二巻、三二八～三二九頁。

25 『西田幾多郎全集』第一二巻、三三一頁。

26 西田における諸文化の哲学についての包括的な解釈は、以下の著書を参照。Elberfeld, Rolf: *Kitarō Nishida (1870–1945). Das Verstehen der Kulturen. Moderne japanische Philosophie und die Frage nach der Interkulturalität*, Rodopi: Amsterdam 1999.

第五章
獨協大学創立者天野貞祐と教養教育

松丸壽雄

はじめに

天野貞祐（一八八四～一九八〇）は、京大教授時代にカント（Immanuel Kant, 1724–1804）を専門としていた。そこから、自らをカント哲学やヘーゲル（Georg Wilhelm Friedrich Hegel, 1770–1831）哲学の研究者であると自覚している点は確かである、と言えよう。だが、それ以上に自分自身を教育者として位置づけていることが自伝的記述からは窺える。そのことは、内村鑑三の『後世への最大の遺物』からの影響として天野自身が何を「後世への最大の遺物」にするのかと考えたときに教育者になる自覚を得たこと、[1] そして旧制七高（鹿児島県）でのドイツ語教師としての教授活動などに現れている。[2] さらにはまた、京都大学倫理学教授として活躍した直後に、旧制甲南高校（兵庫県）校長に就任し、そして一九四六年には旧制一高（東京）の校長に自ら進んで就任したという事実を見ることによって、教育を自分が内村鑑三に学んだ「後世への最大の遺物」としての使命的仕事として考えている像が浮かび上がってくる。[3] そもそも天野は、教育者になるべく大学に進学したいと思ったのであった。そのことが、自らのことを記したいくつかの文章に見出される。教育者を志したにもかかわらず、京都大学では、教育学ではなく、哲学を研究することになった。哲学を専門に選んだ理由は、旧制一高のドイツ語教師の岩元禎教授が「教育者に成りたいから教育学をやるなどは馬鹿げている、哲学をやった方がいい、哲学をやれ」と助言し、天野がそれに従ったたからだという記録も残されている。(4)

ところで、彼の教育理念は、さまざまな仕方で、折に触れて述べられている。ことに獨協大学設立に際して、その教育理念の具体化が図られているといえる。だが、彼の教育理念をより深く見ると、それは伝統的な東アジア的ならびに日本的な意味での「倫理・道徳」の立場に基づき、東アジア的道徳原理とも言える「道理」を根幹に据えたものと考えられよう。教育の目標は「道理」に適う人格を陶冶することとして、「道理」を教育において実現することを目指すものである。それと同時に、カントやヘーゲルの西欧における哲学思想を援用して、東アジア的ならびに日本的理念である「道理」の理論的基礎づけをしようとしている点も見逃すことはできない。つまり、天野にとっての現実世界としての東アジアの一角に存する日本において実践することになる教育の理念を西欧的哲学的な反省に基づき基礎づけようとしたといえよう。その東アジア的教育理念の実現が、教養教育にあたると考え、この考えが伝統的な ars liberalis（アルス・リーベラーリス）あるいは西欧的な陶冶 cultivation、教養 culture、いやむしろドイツ的な意味で教養教育 Bildung（ビルドゥング）、つまり人間形成と関係づけられたとき、「大学は、学問を通じての人間形成の場である」という言葉に結晶したと思われる。以下、「道理」を根幹とする天野の教育理念とその具体的内容としての教養教育とを瞥見することにしよう。そして、この「学問を通じての人間形成の場」としての大学の設立において、彼の教育理念の具体化をどのように図ろうとしたかを跡づけることを試みてみよう。この連関から考えると、獨協大学の設立は彼の教育理念の具体化への試み、すなわち教養教育の実験として捉えることができるであろう。

一　教養あるいは文化について

まず、本章の表題にある「教養教育」の「教養」というものを天野はどのように捉えたのであろうか、この問いから始めることとしよう。天野自身の言葉に基づきながら解釈を試みてみたい。

教養と私が申しますのは、言葉の起こりから申せば教養というのはもと耕作というラテン語 cultura［クルトゥーラ］から出た言葉でございます。いったい英語の culture とか、ドイツ語の Kultur［クルトゥーア］とかいう言葉はもと自然に対する言葉でありまして、自然のままに放置してあるものに対して工作を加えたものが文化とか教養とかいうものであると思います。(5)

ここでは「文化」と「教養」、そして「耕作」と「工作」とをあまり厳密に区別する必要はないと考えて良いだろう。「自然のままに放置してあるもの」とは、人間の手が加わらない自然物のみならず、陶冶という、先人が後人を教え導くという仕方で先人が後人に働きかけて人間形成することがなされる以前、つまり人間の知的・精神的に未展開なもの、未展開な状態をも意味すると解釈できる。更に転じて、人間の思考なり想像力の中にとどまり、まだ客観界へともたらされていないもの、要するに、客観的に実現されていないものをも意味しているとも考えられる。したがって、次のようにも言う。

思考の働きによって、時間を超えて、未来に目標をたてる、それをイデア、理念、理想などと言います。これは未だ実現されていない、未だ無いものです。この未だ無いものを実現しようというのが人間生活であります。(6)

この場合の「人間生活」と言われているものは、何らかの仕方で、「未だ無いもの」を目標と設定して、それを人間にとってあるべき理想像に到達するための手がかりとする、このようなことが実現される場を意味する。この目標に働きかけ(これが「工作」の意味のひとつである)客観世界に実現するにまでいたることが必要と考えられている。これを「要《もと》められている」と言い表すことにする。理想像を目標として持つことによって初めて、人間生活において未だ無いものを実現に向けて努力し、それを人間の存在にとって意味あるものとして、実現にもたらすことができるのである。しかも、これは人間が人間である限り、永遠になされ続けなければならないことでもある。そのような理想実現の要請、すなわち「要め」は、将来的理想と現実的生活を結びつける。そのことが、「思考の働きによって、時間を超えて」と言われるゆえんである。この「超時間」性をもった目標を、古来「イデア、理念、理想」と呼んできたのだが、それは人間生活において実現されることを目指して始めて、人生上に意味をなすものとなってくる。それは次のように言い換えることもできるだろう。

未だ「自然のまま」にあるものに手を加える（先に述べた「工作」と、ここでの「手を加える」ことは共に「工作」の意味をなす）ことによって、それを人間生活の目標にとって意味あるものにし、「人間のもの」として人間生活に目標を実現する段階を作る（つまりculturaがここでは人間の人格陶冶をめざす「耕作」を意味している）。そしてその成果を受け取ることができるようになるということである。つまり「工作」は「耕作」にほかならない。ということは、文化あるいは教養を自らに課し、それを実現することが、人間に特有のことであり、人間生活に意味をもたらすということになる。

「イデア、理念、理想」と言われて来たものは、実現が未だされずに留まっているものであって、精神あるいは心の内で未展開に留まっているだけでは、人間生活にとって意味はまだなしていない。それが、「時間を超えて、未来に目標をたてる」という仕方で、ある種の理想像が人間生活がなされている現在へと媒介されるとき、その理想が現実の人間生活に送り届けられて来ることになる。この目標としての理想像が客観界へと実現されるように働きかけられることがなされないことは、「耕作」が未だなされていないことだと捉えられる。そのままでは「自然のままに放置してあるもの」の状態と同じ性格をもつと天野は考えているのであろう。ここでは、目標としての理想像が、要めを介して、現実の人間生活に媒介されて、さらに「耕作」が加えられて客観的世界へと実現されることになる。その実現されたものが文化であり、教養であると考えられているように受け取って良いだろう。したがって、ここではまだ文化と教養とが明確に区別されているとは言い難い。文化も教養も「自然のまま」の状態に、人間が理想像を目標として持って、要めを介して、「工作」ないしは「耕作」が加えられて、人間生活に実現されることになる。文化あるいは教養とは、この「自然のままのもの」が耕作を通して人間生活に実現された状態を意味していると解釈できる。だが、イデアないしは目標について次のように言われる時、文化と教養はある種の区別を持って来ることになる。

二　文化の主体化と教養の客観化

そういうイデアの客観的に実現されているのが文化というものです。(7)

それに対して私たちの主体性の面に向って、そういう人間のイデアというものを作り出して、主体性というものを自分たちが作ったという、そういう面が教養だと思うのです。いくらか普通でない言い方をすれば、教養の客観化されたものが文化であって、文化の主体化されたものが教養だと、こう言ってもよいと思うのであります。(8)

この箇所では文化と教養の区別が述べられている。しかしこの部分は注意して読まなければならないだろう。「教養の客観化されたものが文化であって、文化の主体化されたものが教養だと、こう言ってもよいと思うのであります」と言っているところから考えれば、教養と文化は、一つの事柄の両面であると受け取ることができる。しかし、同じ事柄でありながら、文化と教養とでは一応の区別があることも指摘されている。

先の記述からすれば、文化に関しては、かのイデアという理想像が要めを媒介にして客観化されて、現実界にもたらされることを意味した。つまり、理想として人間が抱きながらも、まだ自然において実現されていないものが、それを客観界に実現したいという要めに応じて、工作あるいは耕作を通じて現実世界に客観的に、たとえば芸術作品、思想作品、あるいは工業的な作品も、科学的業績とも言いうる作品の形をとって、この世に実在することになったものが文化である。問題は、教養の説明である。

教養においては、「イデアというものを作り出して、主体性というものを自分たちが作ったという、そういう面が教養だと思います」と言われている。このことからわかるように、人間として「自分たちが作った」として、理想像に向かって、イデアを我々人間が作り出しているという面があるということである。これを文化の面に戻して見ると、次の点が見えてくる。それは、文化においては、イデアや理想が自然に潜在的な仕方で具わっており、それを人間がイデアあるいは理想像として要めを媒介にして取り出し、これを客観界に実現するということだった。ということは、まだ理想像となる前には、人間が置かれている自然あるいは世界は、自然（あるいは世界）自身が理想を作り出して行く面があったということになる。その自然（世界）が主体となってイデアを「耕作」しているのである。この自然（世界）が「耕作」により実現を見た理想像の現実態（これは「教養の客観化」としての自然（あるいは世界）の自己実現と見ることができる）の面を「文化」と呼んだと解釈できる。この世界の主体性の面だけを抽象化して言えば、（本来この面だけを抽《ひ》き出すことはできないが、それをあえてするとすれば）自然（あるいは世界）が人間のあり方を作る、つまり自然（世界）が人間の未展開な部分を創造的に耕作する、つまり人間のあり方を変えるということになる。つまり自然（あるいは世界）の創造作用による人間形成ということになるであろう。

しかし、第二に、この時に忘れてはならないのが、自然（あるいは世界）が主体となって「耕す」、自然あるいは世界が主体となって文化を創り出す創造過程に人間が取り込まれて、しかも人間自らが創造に与《あずか》るという面があるということである。そのことは、理想が客観化される「耕作」に、人間自らが自然（世界）の創造作用に参与するという面を指している。その相互の創造作用は、人間の側が「耕作」を主体的に行い創造する、それによって自然（世界）の創造作用に参与するばかりか、その創造作用の勢いは、今度は人間の主体的創造作用が自然（世界）を創造し、作り変えるという面が結果として生じてくることがあり得ることになる。これを「主体性というものを自分たちが作った」と表現していたのであろう。

このように、自然（世界）が主体的に耕作する面と、その自然（世界）の耕作のうちで同時に、人間が主体的に耕作する面とが切り離し難く結びついていることが、この天野の文化と教養に関する言葉に集約されているのである。この自然（世界）が主体的に創造する面と人間の主体的な創造的行為の面は、一つの創造作用の両面とみられる。その両面の一つとして人間が創造を担う主体となる面においては、人間の主体的創造作用が自然（世界）を作り変えるということと同時に、人間が人間自身を創造的に形成してゆくことにもなる。この後者の面は、人間の自己形成と言っても良いであろう。この第二の人間の主体的創造的形成面は、さきの第一の自然（世界）の創造的形成面と連動して初めて、より正確には、第二の人間による創造的形成が、自然（世界）による創造的形成と一つになって、本来の創造的形成作用が成立することになると考えるのが適当であろう。

自然（世界）が創造の主体となり、同時に人間もその同じ創造の主体になる。そして自然（世界）と人間の相互の働き合い、より正確には、自然（世界）と人間とが共に同時に主体となって創造的に働くという見方に関しては、天野は、「世界」に関しての西田哲学後期の立場からの影響を受けている。つまり、天野は西田哲学において人間を現わす「創造的世界の創造的要素」[9]という表現を借りて、この相互主体性、あるいは同時主体性ということを「人間は創造的世界の創造的要素として世界の創造に参与する」[10]と言い表している。

創造されて創造する存在としての人間を自覚した時、耕作されて耕作する働きに参与する人間が「耕作」する自然に包まれながらも、これと一つになって「耕作」を主体的に実践していると表現することができる。この人間の「耕作」という主体的創造的実践が、世界（自然）による創造的「耕作」と同時に起こっていることになる。それが具体的世界において実現されるべきだと天野は言おうとしていると解することができよう。これが「文化の主体化」としての「教養」の構造だと思われる。以上のような意味で、「教養の客観化」と「文化の主体化」とが一つの創造作用（あるいは一つの形成作用）の両面として切り離し難く結びついていると言える。

この世界（あるいは自然）と人間との相互の働き合いということを念頭に置いて、更に一歩進めて言うならば、次のようにも解される。つまり、文化は、いわば世界が主体的に働くことに沿う仕方で人間も主体的にその世界の働きに参与している創造作用において、いわば「耕作」の結果として世界の内に客観的に実現へともたらされたもの、言い換えると「工作」されたもの、工作物を意味することになる。したがって、その「工作物」は世界の創造作用とそれに参与する人間の創造作用がもたらしたものとしての芸術作品や、思想的作品、建築や世界の仕組み・制度、あるいは構築物一般など、あるいは科学のもたらした成果も「工作物」ということになる。これが文化として客観化した産物であることになるだろう。この文化として客観化した産物を、人間の主体的行為が取り込み、人間の創造作用に積極的に取り入れることは、「文化の主体化」、つまり文化を人間的主体的形成作用の中に積極的に取り入れるという仕方で、文化の主体化のもう一つの結果であると言える。

それに対して、教養とは、その「耕作」が個々の人間の内面においてなされた創造作用の結果を意味し、したがって人間を人間として、自然（ないしは世界）展開の筋道に従って形成する「工作物」（この場合には、人間の手による「工作物」からあえて区別すれば「耕作物」と言うべきであろう）を自らの内に見出すことをまずは意味する。つまり、教養とは、人間としてあるべき道を自らの内に創造、形成することとして、文化という客観世界における人間形成に資する文学や哲学そして倫理学や芸術を自己に内面化すること、つまり「主体化」することをまずは意味していることになる。教養とは、人間自らが自らの人間形成をするための資材となるものを身につけることである。これが結果として、次の段階に進むとき、内面化した文化的な産物に教養の創造的な手が加わり、それを自然（世界）に客観物として作り、残すということも生じてくる。教養の内面化は、教養によって耕作（工作）されたものが客観的世界に成果を生み出すことにもなる。つまり、教養は客観化されて、文化という客観物を残し、そのことによって、自然（世界）を作り変えるということも出てくる面を結果として持っている。以上が「教養の客観化されたものが文化であって、文化の主体化されたものが教養」の具体的な意味であろう。

いずれにせよ、文化と教養は、創造的世界の創造的要素として働く世界と人間との同じ相互作用の、あるいは同時作用の、二つに見える面に過ぎないと言える。このような意味で文化すなわち教養を捉えた上で、それらの意味連関を忘れずに、次の文も解釈すべきであろう。

三　「中庸」

そういう中で重要な教養のしるしと申しましょうか教養というものを最もよく示すことは、其人のものの考え方が、まア卑近な言葉で言えば、極端とか偏頗とかいうことではなくて中庸を得ておるとか、或いは具体的であるとか、そういうことが私は教養ということの最も重要な点だと思います。(11)

「中庸」とは単に極端に走らないことを意味するばかりでなく、「創造的世界の創造的要素」という自覚をもち、「創造すること」と「創造されること」あるいは「耕作すること」と「耕作されること」の両者を交互媒介する「中点」に立つこととも考えられる。そうでなければ、わざわざ「教養のしるし」という言葉をここで使う意味の重みが失われることになる。

その「中点」に立つためには、創造する側にも創造される側にも、あるいは自然（世界）の側にも人間の側にも、更に一歩進めて、全体性の立場にも個別的個人の立場にも、他の立場にも我の立場にも、どちらかに偏ってはいけない。「創造されて創造すること」「耕作されて耕作すること」の過程になりきることと言い換えてもよいかもしれない。あるいは我の立場に固執することなく、同時に全体の立場にも立てること、これが「教養のしるし」である。つまり、「教養」を自分において実現した時、簡単に言えば、本当の意味で「教養を身につけた」時、そのことの証しになるのが「中庸」を実現した時であろう。

中庸に人間が自覚的に立つ時、イデアと言われたり理想と言われたものは、人間に「道理」として「感覚」されると考えるのは、東洋的な感性を持ち合わせた立場である。イデアの実現、すなわち道理の実現という目標に向かって人間は、自然（世界）の創造することと創造されること、耕作することと耕作されることの「中」にあって、両者を交互媒介する中点になるということが言われているとまとめることができる。これが「教養のしるし」と解しても良いであろう。

この「中」に立てるかどうかということは、次のことも意味している。すなわち、「創造的主体」として自らを自己実現する方向に適う仕方で世界は働く。その世界の創造作用の内で、「創造的要素」としての人間が世界の創造作用に主体的に参与している。その場合に、人間はこの「創造的世界の創造的要素」として自分が働かれて働いているのかどうかを直観する力を、言い換えると「働かれ働く、創造され創造する」という全体を一挙に個人的人格において看取する「全体性に対するセンス」[12]を受け止める力が求められることになる。このことができるかどうかに人間存在のすべてがかかっている、といっても過言ではない。人間が抱く「全体性に対するセンス」は独り善がりではいけない。あくまで、世界（自然）の働きとそれに沿う人間の働きとが「合用」[13]していること、すなわちともに働いていること、が必要である。その時の自然（世界）の働きの道筋が「道理」である。

「道理」に適っていることを真摯な仕方で受け止め、それを「道理の感覚」として直観することが主観的個人的自己としての人間に求められる。多くの場合、主体的人間はとかく自己中心的な自然（世界）理解に陥りがちだが、個人的主体的な人間の「我」が全体感覚を通して、「道理」に適うことになる時に、言い換えると、その「道理の感覚」を直観し、これを更に自覚的に受け止める時に、「中」なる立場が主体的人間にも開けてくることになる。その開けにあることが「中庸を得ておる」と言ったことの意味だと考えてよいだろう。かくして、教養は、「創造的世界の創造的要素」として自覚する人間が世界創造（世界形成）と人間創造（人間形成）の交互媒介の中点に立つことを求められることである。そして、それと同時に「全体に対するセンス」として「道理の感覚」を養うことによって、その道理を直観的かつ自覚的に受け止めることができるという意味にもなるであろう。

四　教養「教育」について

それでは次に「教養教育」の「教育」は、どのような意味を天野においては持っているのだろうか。

教育というものは、結局するところ人間形成であることは申すまでもありません。[14]

この引用から、culture あるいは Bildung として、人間形成に本質的な関わり合いを持つ教養（文化）と教育とは切り離して考えることはできないことが分かる。なぜならば、教養（文化）も教育も人間形成を目標にしているからである。そして、私たちはここで、次のような具体的問いを立てることになる。教育は、どのような人間を目標にして、どのような仕方で人間形成するのであろうか。

この問いに関連して、天野は一九四七（昭和二二）年に「教育の理想」と称する小論文の中において次のように述べる。

［…］教育の理想はまさしくこの力ある人間を育て上げるにある。

力ある人間を成り立たしむる力とはいったいどういうものか。それは道徳力（理知に照らされた善き心構え）、技能力、知力、体力の如きもろもろの力に分析される。このうち善き心構えが力ある人間の根本であって、勇敢、勤勉、忍耐等々の諸徳にしても、ましてその他の力にいたってはこの根本を欠く場合には人間の力とは成り得ない。［…］更に道徳力も技能力、知力、健康の如き力をまって初めて現実的な力となることができる。これら諸力を契機とする生命力が、人間としての力であって、この意味における力ある人間――何よりもまず道徳力をもち、従って責任感の強い、身体の強健な人間――の育成が教育の理想でなければならない。[15]

まず、教育の理想的目標は、いわゆる力を具えた人間形成にあり、その力なるものの内容は「道徳力（理知に照らされた善き心構え）」――ここにカントの道徳形而上学の影響が見られる――がまず根本の力であり、この根本の力を支える力として「技能力、知力、体力」が必要であるとしている。道徳力は、理知に照らされることによって「全体性に対するセンス Totalitätssinn」（トタリテーツズィン）を身につけ、「教養する」こと（すなわち「耕作」すること）を意味すると解釈されるのだが、そのことを通して「道理の感覚」を涵養することをも目指されていると考えられる。根本においては、この全体性に対するセンスとしての「道理の感覚」の涵養が要められている。つまり人間形成は道徳力を通してなされること、すなわち徳育によって育てられることが、まず最初に必要だと言っていると解釈できる。

次に、道徳力を支えるその他の力として、技能力は、職業への準備となり、知力は学問研究への導入となる。しかしこれら諸力を具えていても、諸力を維持し、諸力を行使して物事を実現するには、体力すなわち健康が基礎になければならない。道徳力を根幹にして体力まで、これらすべての力を教育で養うことが必要と言っている。すべての力を身につけさせるのは教育によるが、上に述べた諸力のうち、天野は特に、(カント的に言えば、) 善き意志をもって行為をする力を、すなわち道徳を実行し、道徳的原理を実現する力を具えていることが人間形成の根本に据えられるべきだと考えているのである。それゆえに、道徳力の涵養、すなわち徳育を強調していると考えられる。ところで、教育を学校教育に限って考えるならば (ただし、天野は教育を学校教育だけに限っていない。社会教育、家庭教育のそれぞれの重要性を他の箇所で述べている)、知識を媒介にせざるを得ないので、「知識を媒介とした」徳育を主張するようになっている。

要するに、教育とは知識を媒介とした品性の陶冶でなければならぬ。徳育の重んずべきことは言をまたぬ。教育は結局徳育である。[16]

「徳育」とは何をどのように育成することであろうか。それに対する答は、上の引用から、徳育は品性を陶冶すること、すなわち道徳力の涵養を教えることであることが分かる。その道徳は、直接に教授することは困難と考えられているようだ。それは「直接の目的となることなくして実現されるといふのが道徳的価値の特異性である。この構造が徳育を至難ならしめるのである[17]」と天野が考えているところから窺える。そうして、徳育は直接の目的とすることはできずに、「知識を媒介」とすることが適切であると言っている。つまり、知育を媒介にして初めて徳育を実現することができると考えていることになる。

おそらく、徳育を直接に実現しようとすると、儒教における「名教主義」に陥ることになるのを天野は懸念していたのであろう。「名教主義」では、道徳ばかりが喧伝されることになり、形式主義に陥る危険が大きいからである。それよりも、より現実生活に即して、形式に偏ることなく、実際に効果の上がる仕方での徳育は、直接の徳育ではなく、知識を媒介にした徳育、すなわち知育を通しての徳育をすべきであると考えたと解釈できる。その具体的方法について、天野は次のように言っている。

教師が生徒の知識を向上せしめんとして我を忘れて他へ没入努力することは知育であると同時に徳育である。自己を忘れて他人の生命、生活等の為めに尽力することが道徳的行為であると同じく生徒の知識を高めんとする努力も道徳的である。(18)

徳育とは、要するに、道徳教育という意味であり、これは知育、つまり知識を伝達する教育に媒介されて初めて実現されるということになる。ただし、その場合に欠かすことのできない条件が言い添えられている。それは、教師が「我を忘れて他へ没入努力する」ように、言い換えれば、無私の教育愛を生徒・学生に注ぐことが必要だという点である。我を忘れて他者のために行為をすること、無私の行為をおこなうこと、それが道徳的行為であり、この道徳的行為を抜きにして、徳育はあり得ないという一面を持っているということである。

それと同時に、教師は知識を伝達すべき学問に身を捧げる(この意味でも「無私」の行為となっている)研究を通して獲得された知識を生徒・学生に伝達することも求められるであろう。ここにも、我を忘れて学問研究に没頭するという点と、さらに我を忘れて生徒・学生に伝達するということが語られている。無私の行為であり、このことが知育の基礎となるべきであると考えているようである。このように無私の行為を基礎にした教育行為によって、生徒・学生の人格あるいは品性陶冶の実現への場が開ける。この如き陶冶をはかり、人格の完成に向かって、教師と生徒・学生とが一丸となることによって知育を通した徳育が可能になるであろう。

さらに教師の立場から言えば、我を忘れて生徒・学生へ没入することにより、自己にとらわれたあり方を教師は脱することができる。このことによって、生徒・学生への教師の没入と生徒・学生の教師への真摯な敬愛の相互作用が生じることになる。この相互作用が可能になるのは、徳育を通して「道理」を感受することのできる場が開かれることにほかならない。その開かれた場において教師の没我を通しての知識伝達行為が生徒・学生に伝播する時、徳育の効果が現れるという結果をもたらすことができるのである。その理由は、この徳育により開かれる「道理」を感受する場において、すなわち「道理の感覚」が経験できる場を通して、教師と生徒・学生とが「感覚」という情意の場を共有し、知育を通して「道理」という徳が知育の内容として生徒・学生へと働きかける機が熟すことになるからである。機の熟す時に「品性の陶冶」が教師の没我と生徒・学生の真摯との呼応においてなされることになる。したがって、品性の陶冶は生徒・学生においてのみ起こることではなく、同時に教師においても起こりうることである。こういうことが上の引用で言い表そうとしている内容であろう。

五　徳育の内容

それでは、徳育すなわち道徳教育の実質的内容は何であろうか。カント学者としての天野は、その具体的内容の一つとしてカントの定言命法を、すなわち「汝が人間を単に手段としてだけではなく、つねに同時に目的として用いるように行為せよ」[19]を挙げることもある。しかし、我々はカントの道徳律に限ることなく、より天野に従った仕方で問うことにしよう。その問いは次のようになる。天野に関する今までの徳育の説明に基づいて、道徳教育を通して人格の完成、すなわち人間形成が実現されるためには、何が具体的に必要とされるのであろうか。

それは「道理」である。天野は次のように言う。

われわれひとりびとりが才能の如何にかかわらず、地位の如何を問わず、それぞれの持場において道理の実現を志し、道理の支配する家庭、社会、国家の建設を心がけなければならない。さもなければ、個々人の教育がなされる環境ないしはその教育環境の根柢をなしている「倫理的な生命体（sittlicher Organismus）」[20]としての教育組織、或いはこの倫理的生命体を包み込む国家が衰亡してしまうことになる。そうなれば、教養も教育も、極めて不十分にしか遂行できないことになってしまう。[21]

ところで、「道理」とはどのように把握することができるであろうか。

たしかに現実は人間の知恵によって洞察し尽くすことのできないものをふくんでいる。我々がしかし広い心を持って社会を見、長い目をもって歴史を考えるならば、社会と歴史との根底に、道とか神とかいうような言葉で現わされるような絶対者の存することを会得できると思う。[22]

西欧においては、この絶対者は「神」とか「超越」とか「絶対者」「理性」あるいは絶対「精神」として名づけられたりもしてきた。東洋では「道」「無」「理法」などとさまざまな捉え方がこれに相当する。これらは「道理」の多様な名前の一部であると天野は見なしている。この道理の実現過程が歴史と考えているのだ。[23]それは、あたかも、ヘーゲルにおいて世界歴史が絶対精神の自己実現の過程と見なされたように、天野においても歴史と考えられているのである。

ただし、ヘーゲルと異なる第一の点は、歴史へと顕現するものが絶対精神ではなく、東アジア的伝統文化の中で培われてきた「道理」という「道」を意味していることにあると言える。第二には、道理は悟性的あるいは知性的に受け取ることができるとは考えずに、「情感」(そのように天野は言うが、「情意」と捉えても差し支えない)へと訴えかけるものと、「情感」を通して「感覚」されるものとして捉えられている。このことがヘーゲルとの違いとして挙げられる。「道理の感覚」というのは、道理をただ知性的悟性的にのみ把握するだけではなく、知情意の全体で道理の全体像を受け取るべきものである。それゆえに、先に「全体性に対するセンス」ということが言われたのである。

その道理の全体像を受け取る働きの中でも、特に「情感」に基づいて、全体把捉がなされ得ると天野は考えているようだ。しかし、知性ないしは悟性、理性が原理的なものを捉える能力であるとする西欧的立場に比べれば、知情意の全体で捉えることが東洋的な立場であるが、特に際立った点は、どちらかと言えば、知を中心に置かずに、「情感」で捉える点に力点があるところに見出される。そうであるから、おおざっぱに言って、「道理の感覚」は知情意の全体、特に「情感」において捉えられる「全体性に対するセンス」であると言えるであろう。この「全体性に対するセンス」ということを、京大教授時代の天野は強く主張したのであった。

ここで、今までの考察で明らかにされた点を簡単にまとめておくことにしよう。このまとめを通して、天野が事実どのような教育実践にいたったのかを、獨協大学の設立時の事情から考察してみることの準備としよう。

「教養教育」によって天野が目指したものは、以下の四点になるだろう。

第一に、内面に留まり、人間にとってはまだイデアという可能態として存している目標は、理知の光に照らされることによって、客観的現実的なものとして自らを現わすようになる。そして、このイデアを実現すること、すなわちイデアの現実化という実現作用は、自然の創造作用に端を発するが、この自然の創造作用に人間の行為も参与することが同時に要められていると解釈できる。この要めを知情意の全体で、とくに「情感」によって「道理」として受け止めること（すなわち、道理の「全体性に対するセンス」を得ること）が肝要である。それが「道理の感覚」を涵養することの基礎にある。「道理の感覚」を涵養し、行為の原理たらしめるためには「道理の感覚」を育成することがまずは必要となる。

第二に、「全体性に対するセンス」を通して受け止めた「道理」を、我々の現実に生きている世界に具体的に実現するには、自然（すなわち、世界）が主体となっている実現作用、すなわち「創造的世界の創造作用」に、我々人間も主体的に参与するという点（人間が「創造的世界の創造的要素」となること）が欠かせない。かくして、人間形成が実現へともたらされるが、「創造的世界の創造的要素」として人間が自覚するためには、人間が自らを世界の創造作用と人間の創造作用との媒介として自覚すること、すなわち「中庸」に立つことが要められる。

第三に、この自然（世界）と人間の相互の創造作用に参与するためには、道理の実現への強い心（道徳力）と強い心身（健康な体）と未来に目標を実現する環境（技能力、公への奉仕の精神）を育成することが必要とされる。

第四に、この育成に最も適した方法は、我を忘れて没入するほどに、真摯に学問と取り組むことである（その際に、古典と取り組むことが良いとされる）。そのことが、知育の基礎となり、教師が生徒・学生という他者に対して、我を忘れて（自己を無にして）関わることを可能にする。それが、道理の感覚を教師が生徒・学生へと伝達することを可能にする場（すなわち「道理の感覚」の実現する場）を開くことになる。この場が開けることにより、学生・生徒も我を忘れて教師に敬愛をこめて接し、学生・生徒自身が知育を通した徳育に参与し、ここに真摯な相互作用が実現することになる。要するに知識を媒介にして徳育を実践することが可能になる。

六　教養教育と獨協大学の設立

今まで我々は教育がなされる具体的環境を限定しないで述べてきた。しかし、どのような人間を形成するのか、そしてどのような仕方でそれを達成するのかという問いに、より実践的具体的に答えるためには、大学教育ということを中心に天野の「教養教育」を考えることが良い例となるであろう。このことに焦点を合わせることにより、より明瞭に、より具体的に「教養教育」の実践の内容が明らかになるだろう。天野の考えている「教養教育」の具体像が凝縮された仕方で表現されることになるのは、一九六四（昭和三九）年の獨協大学設立であるからだ。獨協大学の設立は「教養教育」の実現を目指す実験とも考えられるのである。

さて、人間を作る道、すなわち人間形成への道程ということは、先にも述べたことからも推測できるように、「道理の感覚」の涵養を図りつつ、「倫理的な生命体」の構成要素となりながら、同時に自己という個体を形成・確立することである。それを実現する過程において、学問が決定的な役割を果たす。それが教養教育の目標であり、それを実践することが「教育」であることになろう。ところで、天野は実際に大学を設立するにあたって、この目標をどのような仕方で実現しようとしたのであろうか。

天野は獨協大学第一回の入学式で入学生に次のように呼びかける。

学生諸君！　諸君は大学の内にあります。大学は諸君の外にある対象的存在ではなくして、諸君は獨協大学という倫理的文化的な教育協同体の一員として、大学という創造的主体の創造的要素であります。学問に媒介された同志であります。われわれはお互いに信頼し、それぞれの持場において大学理念の実現に協力しなければならないわけであります。もともと大学は一つの生きた全体であり、その創造的契機たる教職員、学生にそれぞれの持場があり、使命があります。大学という生命体が活発な創造を営み、溌剌たる発展をなすためには、おのおのの契機がその使命に忠実でなければならない。そうして初めて創造的協力が生まれて来るのであります。われわれはお互いに信頼し、それぞれの持場において大学理念の実現に協力しなければならないわけであります。[24]

ここで言われている「倫理的文化的な教育協同体」とは、さきにヘーゲルから借り受けたと思われる「倫理的な生命体」なる概念とさほど異ならない。それと同時に「創造的世界の創造的要素」と言った時の「世界」をも意味していると考えられる。しかし、この「倫理的な生命体」は大学という教育の現場では、学生も教授も職員も、同じ大学という生きた(すなわち新たなものを創造し続ける)全体を構成するものとして捉えられている。そこでは、大学は一つの創造的世界と考えられていると言えよう。教員、職員そして学生という三者も互いに同等の資格を持つ構成要素として「大学という創造的主体の創造的要素であります。学問に媒介された同志であります」と位置づけられている点からも、上の解釈は裏づけられよう。この場合に、創造的要素としては、学生、教授、職員に原理的区別はない。

しかしながら、学問知識を媒介とした場としての大学は、知育の担当者としての教授陣と知育を受ける知育の対象者たる学生、そしてそれを補佐する職員との間には、知識の深浅あるいは知識活用の実践度に関して、そして職能に関して自ずと役割分担の違いが出て来る。この役割分担の違いを違いとして自覚し、知育をする側、知育をうける側、その知育が実現されることを補佐する立場には、それぞれ異なった「持場」があり、職能の相違があることは当然である。その相違を自覚しつつ、「倫理的な生命体」あるいは「倫理的文化的な教育協同体」の全体である大学において、知育を媒介にして徳育が実現されることを目標とし、これが文化・教養として実現されることを目指していることになる。この「倫理的な生命体」あるいは「倫理的文化的な教育協同体」において、学生・教授・職員の三者が文化・教養が現実化する「創造的主体の創造的要素」を担うようにと、天野は、三種の「持場」が有機的に協力しながら、大学の理念を実現するように呼び掛けているのが上に引用した「入学式式辞」である。

「創造的主体の創造的要素」とは、先に述べた後期西田哲学における「創造的世界の創造的要素」の言い換えである。世界を創造的主体と考え、それを大学設立に引き当てて考えれば、大学を小世界と見なし、したがって大学を創造的世界の具体化として創造的主体と見なし、かつこの創造が行われる場として捉えているのである。ここでの「創造」の意味は、作られて作ること、つまり耕作されると同時に耕作すること、言い換えると、「教養される」と同時に「教養する」ことになる。この創造作用が、人間の品性の陶冶としての教育の場面においては、「人間形成」ということにほかならない。そして、小世界としての大学という場における、耕作し耕作されるという創造作業である「人間形成」がそれぞれの「持場」において実現されることが求められることになる。「人間形成」は「教養」の具体化にほかならない。教養教育は、大学という学生、教授、職員の全体を含んだ場において、学問を媒介にした人間形成、すなわち Bildung を意味することになる。それゆえに、天野は有名になった言葉「大学は学問を通じての人間形成の場である」を標語にして大学の理念を表現したのである。これが教養教育の獨協大学における具体化の一側面である。

それと結びついて考えておく必要のある事柄がある。それは徳育の内容を如何に実現するかということである。これに関しては、やはり天野が草稿を起こし、第一回入学式に学生に宣誓して貰った「宣誓」文を読むと、いくつか明らかになる点がある。その宣誓文は、次のようになっている。

> わたくしは獨協大学生として、この倫理的・文化的・教育協同体の一員として、学問の同志として相互に信頼し、大学理念の実現に学生として誠実な協力をいたします。
>
> 学生としてのあり方を謙虚に反省し、学則はもとより、一般に法を尊び、秩序を重んじ、日々の生活は規則正しく、勉学に精進し、心も健康、からだも健康、他日国家社会の優れた創造的奉仕者となることを期します。
>
> 心からの信頼と矜持をもってこの誓約をいたします。(25)

「倫理的・文化的・教育協同体の一員として、学問の同志として相互に信頼し、大学理念の実現に学生として誠実な協力をいたします」が示唆しているのは次のことである。すなわち、「創造的主体」あるいは「創造的世界」としての大学という場では、大学が主体となる面、つまり大学という倫理的文化的教育協同体が主体となって、学生を「作る」「耕作する」したがって「教養する」ことが、同時に学生が「創造的要素」として創造するものにもなる、つまり「作られて作る」ものになること、「耕作されて耕作する」ものになることを、自覚的に学生が引き受けることが要められている。この自覚は、教員にも職員にも要められるものである。

「学則はもとより、一般に法を尊び、秩序を重んじ、日々の生活は規則正しく」が意味していることは、学則を身近な理法として理解し、法一般の遵守は、学則よりさらに広められた意味での具体化された理法の具体的実現を図ることを通して、道理を弁《わきま》えることを意味している。すなわち、「道理の感覚」を涵養することの実践を意味している。その日常的な実践は、たとえば、「日々の生活を規則正しく」送ることにおいて、成立すると天野は考えていると解釈できる。これは、先に「道徳力」と称された「力ある人間」という教育の目標のもつ「力」を意味している。以上のことは教員にも職員にも当てはまる。

「勉学に精進し」は知育の実現、学生が教師に学びつつ、その学生に教師が学び、教師が教えつつ、教師は学生から教えられるということを通して、この学びの場である大学が「倫理的・文化的・教育協同体」という、自然（世界）と人間との相互作用の実現している「倫理的な生命体」という場となすことが意味されていることになる。先に「知力」と分析された「力ある人間」という教育の目標の欠かせない力である。「心も健康、からだも健康」は、先に「体力」と表現された「力ある人間」の欠かせない面であった。

そして最後に、「他日国家社会の優れた創造的奉仕者となることを期します」という言葉でもって言い表されているのは、次の点であろう。すなわち、大学という学問の場において、人間形成を目指し、それを一生の仕事として自覚した学生、教授、職員は、それぞれの持場で職能を果たすことになるが、ことに学生は、大学卒業後、私個人にのみ益をもたらすものではなく、公に奉仕する人間となることが期待され、それを実現することが要められているということである。言い換えると、小世界としての大学は、さらにそれを包むより大きな世界へと出て行く時に、その新たなる大きな世界での教養教育に備えることとして位置づけられていると考えられる。その大なる世界は、さらに大きな世界が包み込んでおり、幾重にも重なり合っているのである。

ところで公に奉仕する人間となると期待されていると言ったが、このような人間とはカントの「決して手段としてのみではなく、つねに同時に目的として」の人格の完成を目指して努力し続けることを約束する人間に違いない。「決して手段としてのみではなく、つねに同時に目的として」の人格の完成を目指すことは、「道理が通る」という信念を持つことでもある。「道理の感覚」を涵養し、道理が行われることに参与する人間としての日常的な道理の実践者になることを誓うものであったのだ。その「道理の感覚」は真摯な「全体感覚」の上に成り立つものであった。

確かに、「大学は学問を通じての人間形成の場である」には相違ない。それゆえに、教養教育がなされながら、教養して行く場であるに違いないのだ。しかし、大学での教養教育だけで、人間形成は完成するものではない。家庭において、社会において、人間形成は続けられなければならない。それゆえに「新制大学は人間形成の場であるといわれるが、人間形成はもともと人間一生の仕事[26]」と天野は言っているのである。教員、職員、学生、そしてそれぞれの家庭、さらにはそれらを取り囲む社会全体を巻き込んで、人々は人間形成に励む必要があり、一生の仕事となると言っているのだ。

「教養教育」の典型として、天野は日頃考えてきた道理の感覚の涵養としての「人間形成」を、大学教育という環境で「学問を通じて」実現しようとしたのが、獨協大学設立にほかならなかったのである。

天野の教養教育観は以上述べてきたものと考えるが、それが現在の獨協大学での教育にどのように、どこまで生かされているのかは、改めて思料すべき事柄であろう。

註

1 天野貞祐『天野貞祐集』(雪華社)一九六七、二九七頁参照。
2 同上、三一二頁以下。特に「ドクトル・クレスレルのことなど」を参照。
3 西谷啓治は、内村鑑三の影響のもとで、天野が教育者として志を立てたことを推察している。西谷啓治「教育者としての天野先生」(獨協学園百年史編纂室編『回想　天野貞祐』(獨協学園)一九八六所収)二七二頁以下参照。
4 『天野貞祐集』二九四〜二九五頁参照。
5 『天野貞祐全集』第5巻(栗田出版会)一九七〇、二五七頁。
6 同上、二五八頁。
7 同上、二五八頁。
8 同上、二五八頁。
9 中後期の西田哲学に特徴的な「場所」の深化にして進化した概念である「世界」における個物としての人間を現わすときには、この「創造的世界の創造的要素」という概念がよく使われている。
10 『天野貞祐全集』第1巻二七〇頁。
11 『天野貞祐全集』第5巻二五九頁。
12 「全体性に対するセンス」をTotalitätssinnと天野は表現している。この概念を「全体感覚」ということもある。獨協学園天野貞祐記念室編『天野貞祐講話集』一九九四、四九頁参照。

13 「合用」とは「天人合用」あるいは「天人合一」と言われるときの「合用」あるいは「合一」を意味している。すなわち天意と人道との一体を理想とし「修養や政治の極致を天意・天道との一致に求めようとする中国古代の思想」(『新漢語林』より)を表している。特に『易経』などを解釈した王船山などの「天人合用」の意味で、筆者はこの語を使った。

14 『天野貞祐講話集』一三七頁。

15 『天野貞祐全集』第5巻六三頁。

16 『天野貞祐全集』第1巻一二六頁。

17 『回想　天野貞祐』一七頁。

18 『回想　天野貞祐』二五頁。

19 "Handle so, daß du die Menschheit sowohl in deiner Person als in der Person eines jeden andern jederzeit zugleich als Zweck, niemals bloß als Mittel brauchst." たとえば、カントの『実践理性批判』あるいは『道徳形而上学原論』を参照のこと。

20 『天野貞祐全集』第5巻一四七頁。

21 天野が『天野貞祐講話集』一九九四(一〇〇頁参照)で用いているが、本来ヘーゲルの概念から来ていると思われる。ヘーゲルにおいては、sittliche Organisation(倫理的組織あるいは人倫の組織)という言葉は、たとえば"Über die wissenschaftlichen Behandlungsarten des Naturrechts, seine Stelle in der praktischen Philosophie und sein Verhältnis zu den positiven Rechtswissenschaften" in G. W. F. Hegel: *Werke*, Frankfurt am Main. 1970, Bd. 2, S. 488 u. S. 500 に見出される。だが sittlicher Organismus が、ヘーゲルのどこからの引用かは不明。

22 『天野貞祐全集』第5巻一四七頁。

23 『天野貞祐全集』第1巻二八一頁参照。

24 『天野貞祐全集』第5巻一〇六頁。

25 同上、一〇八頁。

26 同上、一〇三頁。

第六章
道理と人格
――天野貞祐の教育論における二つのアスペクト――

斉藤渉

一 『後世への最大遺物』

天野貞祐（一八八四〜一九八〇）は永年にわたり教育に従事したが、後年、内村鑑三（一八六一〜一九三〇）の『後世への最大遺物』を読んだときの印象を何度か述べている。この本を手にしたのは、慕っていた母親が若くして亡くなった後、獨協中学を一時中退し、絶望しかけていたときのことだった。一八九四年の内村の講演を天野は次のように要約している。

先生によれば人間は生れ来った以上、何かを後世へ遺したいと希うものであるが、先づ第一に挙げらるべきは莫大な財を後世に遺して社会事業に貢献することである。第二には事業を遺すこと。第三には著作等によって思想を遺すことである。これらはいずれも立派な遺物であるけれども誰にでもできるというわけにはゆかない。しかし最大の遺物は人間誰にでもできることでなければならい。それは高尚にして勇気ある生涯である、と云うのはこの世を悪魔の支配する世界ではなくして神の支配する世界だと信じ、その信念に従って勇ましく生きる生涯である。これは誰にでもできる「後世への最大遺物」[1]だというのである。これなら自分にもできる、とわたしはここに生活勇気を振い起こしたのである。

内村のいう「高尚にして勇気ある生涯」は、そのような生き方が原理的にはすべての人間に可能であり(したがってその可能性はほぼ無限であり)、そうした模範にならおうと勇気づけ、そしてまた、世界に正義があるという信仰を絶やさぬようにしてくれるという意味で、最大の贈物とされたのだった。キリスト教者として影響力のあった内村のこの教えは、教師になるという望みを天野のなかに芽生えさせる。

一九〇五(明治三八)年、二一歳の天野は獨協中学に復学した。それまでは勤勉とは言いがたかった天野は、人が変わったかのごとく勉強、特にドイツ語の学習に打ち込む。一年後には獨協中学を卒業し、将来教員になることを目指し第一高等学校(一高)に進学、在学中は内村の聖書講義にも参加した。天野は亡くなる直前まで洗礼を受けず、九五歳でようやくカトリックに入信するが、内村の影響はその後も強く残っていく。

内村自身もかつて一高で教鞭をとっていた。しかし、不敬を咎められ、一八九一(明治二四)年には学校を離れる。教育勅語の奉戴式で勅語に最敬礼するのを躊躇したためとされているが、その後の困難な時代に内村の旺盛な著作活動は始まった。一九〇四〜〇五(明治三七〜三八)年の日露戦争開戦前に非戦論を唱え、世の注目を集める。キリスト教と国家主義との間には、大きな葛藤が潜んでいたのだ。後に天野は、「内村絶対平和主義」が自分に大きな影響を与えたこと、一九四七（昭和二二）年に執筆した第一回広島平和宣言の草案にもその精神が現われていることを回想している。

天野は、一九〇九（明治四二）年、京都帝国大学に進学する。西田幾多郎（一八七〇～一九四五）の京大赴任はその翌年にあたるが、天野を惹きつけたのは、カント（Immanuel Kant, 1724–1804）の研究者として有名な桑木厳翼（一八七四～一九四六）だった。天野は桑木の手ほどきでカント哲学を学び始める。また、桑木の指導のもと、カントの『プロレゴメナ』の翻訳をし、一九一四（大正三）年に出版した。このことから、後に天野は日本で初めてカントの主著『純粋理性批判』を完訳することになる。翻訳は中断もはさんで一〇年以上にわたって続けられ、一九三〇（昭和五）年にようやく完結する。

天野の遍歴時代も長く続いた。学部を卒業するとすぐに副手として採用されるが、二年後の一九一四年には鹿児島の第七高等学校にドイツ語講師として赴任する。こうして教師になる夢が実現したのだ。五年間を鹿児島で過ごした彼は学習院に転任し、一九二三～二四（大正一二～一三）年にはドイツに留学、ハイデルベルク大学でハインリヒ・リッカート（Heinrich Rickert, 1863–1936）らの講義を聴講した。そして一九二六（大正一五）年、母校である京都帝国大学に四二歳で赴任する。

二　『道理の感覚』

一九三七（昭和一二）年から一九四〇（昭和一四）年にかけて天野は三冊の著書を出すが、いずれもタイトルに「道理」という語が入っている。とても重要な概念であったことがここからもうかがえるものの、他の言語には翻訳しにくい言葉だ。秩序、自然、正義、道徳などの意味合いを含んでいる。「道理について」という文章では、まずこの語が日常的にさまざまな意味で用いられることを確認しつつ、「人間の従わねばならぬ一般的秩序」を意味するという点では誰もが同意するだろうと述べている。

われわれはこの秩序［＝道理］を基準として目的を立て行為や心術を批判する。この批判を自己に対してだけでなく他人へも社会へも向けるのであります。その結果或いは満足し或いは後悔し或いは義憤を感じたりいたします。もし基準として道理がないならば、道徳的意味の満足も後悔も憤激も凡て虚妄でなければなりません。

（「道理について」[2]）

普遍的で、勝手に解釈を変えたり無視したりできない秩序としての道理によって、他者の「行為や心術」を批判することも可能になると天野は考える。このような基準を持ちだすことは単なる「虚妄」ではないように感じられ、道理は真理、正義ないしは美のような価値に依拠しているように見える。道理は、何か独特な権威を想定させるのだ。

命題［たとえば「2＋2＝4」］の真理性は厳然として存立し、如何なる勢力をもってしてもその権威を覆すことは出来ません。われわれは勝手に2＋2＝5と考えるわけにはゆきません。数学的構成が任意的でないごとく道徳的理念も決して恣意的空想ではない。

（「道理について」[3]）

このように考えられた道理の概念こそ、天野にとって、学問が単なる主観的な思いこみ以上の妥当性をもちうる根拠となる。つまり、道理によってはじめて、学問的研究とか学校の内や外での学習や教育、一般に〈教養〉というものも可能になるのだ。

天野がヴィルヘルム・フォン・フンボルト（Wilhelm von Humboldt, 1767–1835）の大学理念について述べていることも、この点と関連する。「大学の理念」（一九四〇）と題した文章で天野は、フンボルトの遺稿「ベルリンにおける高等学術施設の内的・外的組織について」から次の箇所を引用している。

本来の学問探究を止めたり、或いは学問をば精神の深みから創造し出す必要はなく、蒐集によって並べられるもののごとく考えたりするや否や万事がだめで取り戻すことはできない。［…］学問にとっても空しく国家にとっても空しいこととなる。いったい内から由来し内へ植えつけられる学問のみが性格を改造する。そうして国家にとっても人類にとっても重要事は、単なる知と言説（Wissen und Reden）とではなくして、性格と行為（Charakter und Handeln）なのである。

（「大学の理念」に引用された天野訳による。挿入されたドイツ語は訳文のまま）[4]

フンボルトは学問を「いまだ完全には解決されていない問題」、「いまだ完全には見つけられず、けっして完全には見いだしえないもの」と捉える。だからこそ学問は「探究」されねばならず、探究と研究によって「創造される」べきものとされるのだ。こうした知の探究は、高い精神の能力を要求すると同時に、他方では精神の能力を高めるものとされる。つまり、学問は教養を生み、「性格を改造する」のだ

（人格の陶冶）。天野が関心を寄せるのも、まさに学問による道徳的教育（徳育）だった。

> われわれは学問に従事することによって客観的領域を会得する。地上の権力も富も暴力も凡て全然無力である真理性の王国を把握する。こういう領域の存在を自覚することが実にわれわれの世界・人生観の根底でなければならぬ。［…］学問は即ち人格の陶冶である。われわれは学問研究によって世界・人生観の根底を与えられるばかりでなく諸徳を育成することができる。学問はつねに労苦努力を要する、勤勉忍耐を要する、克己節制を要する、勇気鍛錬を要する。（「大学の理念」[5]）

確かに天野は、知的教育（知育）と道徳的教育（徳育）を区別し、両者がつねに相伴うわけではないことを指摘している。それでも彼は、人間が学問や研究を通じて道徳的に高められるという可能性を疑わない。ただ、学問の場である大学がそのような機能をはたしうるとすれば、それには一つの条件がある。フンボルトによれば、大学は「学問の純粋理念」を保持しなければならない、言い換えると、外部からの干渉を受けてはならないのだ。大学は国家や社会からの独立性を保たなければならない。さもないと道理（理性）がもつあの独特の権威が外的な利害によって脅かされることになる。だからこそ、フンボルトは、「孤独と自由とがその関係者達を支配する原理」（天野訳[6]）だと述べたのだ。

強調しておきたいのは、国家による学問への不当な介入に対する天野の警告が、開戦直前の一九四〇（昭和一五）年に書かれ、出版されているという点だ。最悪の場合、職を追われる可能性もあっただろう。天野の毅然とした態度は、すでに三年ほど前、それに近いことを彼が体験済みだったことを考え合わせると、驚くべきものと言える。

一九三七（昭和一二）年、彼の著書『道理の感覚』が刊行される。この本の「序」のなかで天野は、「昭和六年の秋より、満州事変、五・一五事件、機関説問題の沸騰、国体明徴の提唱、二・二六事件、等々をへて今日に至るまで、日一日と高まりゆく社会不安の狂瀾」に触れつつ、自らの人生観の要点を次のように述べている。

私は世界と人生とにおける道理の実在を信ずる。然し道理はおのずからは実現しない。その実現には人間の媒介を必要とする。道理を会得し、これに対する義務と責任とを意識するものは人間のほかには存しない。道理の感覚は人間の特権である。道理の媒介者たることが人間存在の意味だと思う。

（『道理の感覚』の「序」(7)）

同書に収録された「徳育について」という論文で天野は、徳育はどのようにしたら可能なのかという、彼にとってきわめて重要な問題を論じている。彼が主張するのは、知育こそ徳育にとって不可欠の前提となるという点だ。日本で支配的になりつつあった反知性主義への批判にほかならない。当時の修身の授業には有効性が乏しいともはっきり述べている。

天野は、日本の教育が「真の独立性を有しない」ことこそその「根本的欠陥」だと述べる。のみならず彼は、望ましい教育のあり方を妨げている「敵」として軍部と行政機構を名指しで批判するのだ。第一に、日本の教育は「軍事教練（或いはむしろ軍事教官）」によって束縛や介入を受けており、第二に、「行政機構から教育の自律性を奪われている」、つまり、「教育には何の体験もなく知識もない人々が教育と教育者とを支配するがごとき不遜な考えを懐いている場合が多い」としている（「徳育について」[8]）。こうした状況の打開策として天野は次のように呼びかける。

教育は教育に関する体験と知識とをもつ人々の手に収められねばならぬ。［…］道理は人間が全力を傾尽して実現すべきものだ。［…］然らば如何にして教育をその圧迫から解放し能うか。教育者が一切の私情を殺し学閥を廃棄し共同の敵に対して団結するにある。団結のない処に社会的な力はない。（「徳育について」[9]）

すぐに軍部をはじめとする憤激した攻撃が始まった。天野は、不要な「誤解」を招かぬようにという理由で、著書の残部をすべて「自主的に」廃棄することになる。ある意味では譲歩したわけだが、見解そのものは撤回しなかったことを強調しておきたいと思う。

三　修身科の復活をめぐって

天野は一九四四（昭和一九）年に京都帝国大学の退官を迎える。それまでの経歴も十分立派なものだったと言えるだろう。戦争が終わった後も、かつて学んだ旧制の第一高等学校の校長や吉田茂内閣での文部大臣の職など、さらに華々しい項目がこの経歴に付け加わる。ただ、天野自身にとっては事態があまり望ましくない方向に進むこともたびたびあった。

第一高等学校の校長についたのは、戦後の占領政策によりエリート学校としての旧制高校も変化を免れなくなった時期にあたる。旧制高校を独立の大学に格上げするという天野の案は通らなかった。そうではなく、一・二年生を受け持つだけの教養学部として新制東京大学に吸収されることになったのだ。旧制一高で最後から二番目の校長となった天野は、この変革は大失敗だったと考えていた。

戦後のある時期まで、著名な学者が文部大臣になったケースは珍しくない。天野は、一九四七（昭和二二）年に施行された教育基本法の起草で大きな役割を果たしたのだが、政界入りは自ら進んでというわけではなく、吉田首相の懇願を受けてのことだった。彼の在職期間（一九五〇年五月〜一九五二年八月）には、朝鮮戦争の勃発が重なる。世の中の雰囲気が急速に変わっていき、レッド・パージが行われ、再軍備をめぐる議論が起こり、戦後民主主義の成果はまたもや危機に瀕しているように思われた。こうした状況の中で天野は、教育勅語に代わる指針を出す案や戦後廃止された修身科授業を復活させる案を明らかにするが、復古的政策として非難する声が高まる。結局、どちらの案も間もなく立ち消えとなり、天野は二年あまりの任期で疲労困憊して辞任する。

それにしても、なぜ天野はよりにもよって修身科の授業を復活させようとしたのだろうか。もちろん、先に見たように、天野はずっと前から国民の道徳的教育に関心を寄せていた。しかし、教科として道徳を教えるような試みには懐疑的で、子供たちは国家が決めた徳目の一覧を機械的に覚えるだけに終わってしまうと批判していたのだ。それでも、天野の目には戦後の雰囲気があまり望ましくないものと映った。まだ在職中に『週刊朝日』で発表した文章の中で、当時の状況を次のように述べている。

戦前戦時における極端な国家主義が国家あるを知って個人と世界とを無視した反動として、現在は個人と世界とを重視するあまり、ややもすれば国家存在の理由が薄くなる傾向を免がれないのはいずれも中正の思想とは考えられない。それ故、［…］今日に生きる日本人の生き行く道の道しるべを編纂することは、意味あることではないかと考えるに至ったのであります。

（「わたしの心境――『実践要領』をめぐって――」[10]）

この言葉を読むと、国家と個人の間には連続的な座標軸を想定しているように見える。天野からすると、戦後の国内の雰囲気は一方の極（国家主義）から他方の極（個人主義）に突然移り変わったことになる。言い換えれば、戦前の国家主義は単に「極端」だったのであって、適切なところに戻しさえすればよい、と考えているようだ。表層の問題を取り除けば、日本人の精神構造は根本のところでいまだ健全というわけだ。

こうした見方が、戦前戦中に天野自身が体験したことを正しく評価できるのか。この問いはひとまずおくことにしよう。注目したいのは、天野が国家と個人の関係を、相互に独立した物同士の対立としてではなく、むしろいわば二つの重なり合う同心円同士の関係として理解している点だ。問題は一方の円（国家）と他方の円（個人）とをうまく媒介することだということになるだろう。すでに「大学の理念」を論じた論文（一九四〇年）の中で、天野は学問を通じた人格形成をそのようなものとして理解していた。

公のうちへ私を否定することなくしては学問は営めない。この学問精神は即ちまた道徳的精神にほかならない、己を空しくして公に従うという自己超越においてまさに道徳は成立するからである。
（「大学の理念」(11)）

天野の教育論において特徴的なのは、彼が学問と道徳を単数形の「己」・「自己」に関係づけている点だ。学問・道徳についての彼の考え方は、その意味で「自己―関係」的で、禁欲的で、モノローグ的にさえ感じられる。それがフンボルトのいう大学における「孤独」を想起させるのも偶然ではないだろう。しかし、フンボルトはそのすぐ後で「人間の精神的活動は協力的活動としてのみ」成功しうると付け加えることを忘れなかった。おそらく、天野の道徳の概念においても、人間同士のコミュニケーション的側面が考えられていることが確認できるだろう。

われわれはこの秩序［道理］を基準として目的を立て行為や心術を批判する。この批判を自己に対してだけでなく他人へも社会へも向けるのであります。
（「道理について」(12)）

フンボルトによれば、大学は精神の協力的活動の場だが、それは同時に相互批判の場でもある。内村鑑三が述べた意味で、天野は「高尚にして勇気ある生涯」の模範を示し、新しい大学の創立者として貴重な「事業」をも成し遂げた。その五〇年後の今日、感謝をこめて、天野が遺した「後世への最大遺物」の一つ、獨協大学の創立記念を祝いたいと思う。

註

1 天野貞祐『教育五十年』(南窓社)一九七四、七～八頁。
2 天野貞祐『道理の感覚』所収。ここでは『天野貞祐全集』第1巻一七二～一七三頁から引用。
3 天野貞祐『道理の感覚』所収。ここでは『天野貞祐全集』第1巻一七三頁から引用。
4 天野貞祐『道理への意志』所収。ここでは『天野貞祐全集』第1巻二六七頁から引用。
5 天野貞祐『道理への意志』所収。ここでは『天野貞祐全集』第1巻二六六～二六八頁から引用。
6 天野貞祐『私の人生観』所収の「フンボルトの大学観」から、ここでは『天野貞祐全集』第1巻三八〇頁から引用。
7 ここでは『天野貞祐全集』第1巻九頁から引用。
8 天野貞祐『道理の感覚』所収。ここでは『天野貞祐全集』第1巻一六八頁から引用。
9 天野貞祐『道理の感覚』所収。ここでは『天野貞祐全集』第1巻一六九頁から引用。
10 『週刊朝日』一九五一年一二月一六日号所収。
11 天野貞祐『道理への意志』所収。ここでは『天野貞祐全集』第1巻二六六～二六七頁から引用。
12 天野貞祐『道理の感覚』所収。ここでは『天野貞祐全集』第1巻一七二頁から引用。

第七章
獨協大学外国語学部における教養教育

浅山佳郎

一　外国語学部という「専門」の問題

本章では、日本の高等教育機関における「教養教育」の問題を論じる。特に獨協大学の外国語学部と、そこから二〇〇七年に分離改組した国際教養学部をとりあげて、その時間的変遷を材料として、学部教育上における教養教育のあり方を論じる。議論の中心は、高等教育機関における教養教育への対応措置の変遷が、すくなくとも外国語学部（と国際教養学部）においては、教養教育をどのように課程上で「専門教育」化するかという問題であったことを説述するものである。

そもそもの問題は、専門教育の方にあったと考える。これは以下のような事情である。もし専門教育を職業に対する必要な準備教育であると定義するなら、現行の大学における専門教育は、医学系統の学部と工学系統の学部（農学系統と教育学系統の一部も含められる可能性があるが）を除外して、その定義に適合しない。たとえば、外国語学部を卒業しても、専攻した外国語を使用することを中心とする職業につくことは、ドイツ語やフランス語やスペイン語専攻の学生にはほとんどありえず、英語専攻でも、通訳や翻訳、英語教師のように英語を使用することを職業化する例は少数にとどまる。つまり職業との連動性という意味では、外国語学部などは「専門性」を確保できないということである。よってもし大学での専門教育が職業への準備教育でないとすれば、その専門性は、教育の内容において確保されなければならないことになる。

では、専門教育としての目標・内容はどう意味づけられるか。ここであつから外国語学部について観察すると、外国語学部は単に外国語を習得することを目的としない。たとえば東京外国語大学は、その基本的な目的を次のように記す。

> 東京外国語大学は、世界の言語とそれを基底とする文化一般につき、理論と実践にわたり研究享受し、国際的な活動をするために必要な高い教養を与え、言語を通して世界の諸地域に関する理解を深めることを目的とする。
> (『東京外国語大学学則』第一条[1])

ここで掲示された「言語を通して世界の諸地域に関する理解を深めること」は、また、

> 日本を含む世界諸地域の言語・文化・社会に関する教育と研究を通じて、地球社会における共存・共生に寄与することにある。
> (グランドデザイン「地球社会における教育研究の拠点大学をめざして[2]」)

と詳説される。

あるいは上智大学の外国語学部は、その教育研究上の目的として、

外国語の高度な運用能力を養い、それをもとに、9つの研究コースにおいて、各専攻語が使用されている地域に関する地域研究、また言語研究、国際政治論研究、市民社会・国際協力論研究を行うこと
（『上智大学学則』別表第一）(3)

が提示されており、それを各学科ごとに、たとえば英語学科を例にとれば

卓越した英語運用能力を養い、地域研究、言語研究等の専門研究の基礎となる幅広い教養（言語学、人文・社会科学、英語圏に関する基礎知識）を修得すること
（『上智大学学則』別表第一）(4)

と説明する。これらは外国語学部が、実用的な語学をもとに、その言語と関係する「地域」について学習・研究するための学部であることをしめしている。

ところが、それをいわゆる「地域研究」と把握することは、かならずしも適切ではない。地域研究は、政治的なレベルで国際上の戦略的関係を構築するために、各地域の専門家養成の必要を充足させる目的で形成されたという性格をもつ専門分野である。(5) とくに、その地域自身が自分の地域の特性について言語記述化していないような地域、いわゆる発展途上地域について、情報が不足して不明な点をもつ社会

や文化のあり方を、近代的な学問体系をもついわゆる先進的な社会の言語によって明示化しようとする研究である。その意味では、すぐれて社会的要請のある専門である。

ところが、獨協大学をはじめとする外国語学部は、英米、ドイツ、フランスなどを対象とする。もし地域研究を上述のように規定するなら、日本における英米研究やドイツ研究やフランス研究は、地域研究ではない。すでに英語で、ドイツ語で、フランス語で、あるいはそれ以外のさまざまな欧州言語でそれぞれの地域について記述されている文献を読解することが中心となる研究だからである。またかならずしも、地域研究を政治的な文脈におかなくとも、情報が不足している地域について、人類学や民族学を中心的な手法のひとつとする学際的な研究をする、というわけではないという点で、外国語学部におけるドイツ研究、英米研究、フランス研究は、狭義の地域研究ではない。

こうして外国語学部は、その欧米語学科の専門性を、職業との連動においても、また狭義の地域研究の内容としても、完全に理由づけることはむずかしい。よって上引の東京外国語大学（a）や上智大学（b）でも、その教育目標に

（a）高度なコミュニケーション能力、豊かな教養、広い視野を身につけ［…］地球的課題に取り組むことができる人材を養成する。(6)

（b）急速に進展する地球化の流れの中で、卓越した英語力養成と幅広い教養教育という教育の2本の柱を、我々はさらに一層太く強固なものにしています。(7)

といった、「教養」や「課題解決能力」や「コミュニケーション能力」による国際的「人材養成」といった目標を同時に標榜せざるをえない。そしてこの「教養」や「能力」による人材の「養成」という目標は、「地域研究」の目標が、学生が学習対象とする外在的な研究分野であるのに対し、学生の内在的な人格を発展的に形成するという点で、おおきく異質である。

獨協大学外国語学部も、たとえばドイツ語学科は「学則」で、

> 外国語学部ドイツ語学科は、ドイツ語の運用能力を養成し、ドイツ語圏の歴史・文化・社会を理解するための専門知識を習得した、国際的視野に立つ教養人を育成することを目的とする。
>
> (『獨協大学学則』第8条(8))

と表示する。ここでは「地域」ではなく、「ドイツ語圏」という用語になっており、これは英語学科とフランス語学科でも同様に「英語圏、フランス語圏」という用語でしめされる。多数の外国語学部が使用する「地域(研究)」という用語でなく、「研究」と複合しにくい「語圏」という用語を使用するのは、その学習対象が、「語圏の歴史・文化・社会を理解するための専門知識」であって、上述したような意味での「地域研究」ではないということを、意図したかはともかく、含意する。

さらにその「専門知識」のいう専門性は、それを「習得」することによって「国際的視野に立」ちうる「教養人」となるためのものであるとされる。専門教育が教養と結合するという点で、獨協大学の外国語学部は、外国語学部の専門教育のもつ問題を明確にしているということが可能である。

教養が専門性に関与するということは、東京外国語大学でも学則に「高い教養を与え」と述べ、上智大学外国語学部でも「幅広い教養を修得する」とあるように、同様の事態となっている。

しかし問題は、「国際的人材」としての「教養人」の内実がどのようなものであるのか、そしてそれと大学における専門教育とがどのように結びつくのかが不明な点である。特に専門教育が、その専門性を外貌として揚言する場合、一般的、常識的にはそれは教養教育とは異質の、そこからさらに一歩進捗したレベルの教育であると理解されやすい。この差は、常識的には、教養教育が専門課程のための基本的知識と能力を獲得することを目的とするものであるのに対し、専門教育が、専攻分野を学ぶための専門教育科目を学ぶものであるという差と把握される。よって教養科目の授業も、概論的（入門的）であることが要求されるのに対して、専門科目の授業は、より各論的な性格またはゼミナール的授業方式が想定されることになる。

こうした専門教育についての常識的理解と、上述したような国際的人材としての「人格形成」という教養教育的な目標の設定は、少なくとも表面的には不適合を涌出させる。専門家と教養人について、一般的には、狭隘だが深奥な知識・技術をもつやや偏屈な専門家と、広博な見識をもつ敦厚で柔軟な人格的教養人という図式が、対立的な印象として強固だからである。

これは、日本の大学教育のおおもとの設定に起因する。明治時代に設定されていく大学教育は、西洋のいわゆる進歩的技術とそれを支持する学芸を理解・獲得するための知的エリートの養成が急務であった。そこでは実社会で有用な技術と学芸が重要であり、その意味で工学を包有するいわゆる自然科学と経済学と法学が称揚される。それらが有用性という観点から「実学」とされ（校是に「実学」という用語を使用する大学は、東北大学、慶應義塾大学、中央大学など多数にのぼる)、仏教や儒学など旧来の学問は、対比的に無用のものとして「虚学」とされた(9)。

たとえば『明六雑誌』では、

それ高遠の空理を論ずる虚無寂滅もしくは五行性理あるいは良知良能の説のごときは虚学なり。これを実物に徴し実象に質して、もっぱら確実の理を説く、近今西洋の天文・格物・化学・医学・経済・希哲学のごときは、実学なり。この実学、国内一般に流行して、各人道理に明達するを真の文明界と称すべし(10)。

と論ずる。「天文・格物[物理]・化学・医学・経済・希哲学」は、国家経営のために重要であった。旧制高校に併置されていた専門部は工学部と医学部であり、これに三高の法学部がくわわるだけである(11)。

こうした「実学」概念が、大学の「専門」へ結合する。西洋からの新たな知的体系に対する「実学―虚学」という対比を用いた理解は、一方の実学が大学での専門教育と関係することで、付随的に他方の教養教育にも投影する。すなわち仏教学や儒学がもっていた個人の人格的な完成という側面が、類似した側面を持つ教養教育に類推され、結果的に、専門の実学性が、教養を「虚学」にし、専門=実学、教養=虚学という対比的な理解が成立する。

一方で外国語学部の専門教育は、上述したように政治的な意味を付与されうる地域研究専門家養成としては十分に機能しないにもかかわらず、実学的外装をもたなければならない。専門教育が「虚学」ではならないからである。そこで外国語学部は、とりあえずその外国語教育を、文学部的な読解を中心とする語学とは異質な実用的（口頭能力を保証する）技術として提示する。ここに外国語学部の実学的外装の根拠が想像され、専門全体の有用性は不問にしたまま、実学的専門として存在することになる。

外国語学部の教育は、こうした矛盾をもつ教養教育と専門教育を、どう整合させるかということに腐心を余儀なくされる。

二　獨協大学外国語学部の最初のカリキュラムと教養

外国語学部は、教養教育とは対立的に把握されうる実学的専門という印象を否定しないまま、教養的な人格形成を中心的な目標のひとつとし続ける。すなわち、明示的ではないかたちで、教養教育を専門教育化しようとする。以下そのことを獨協大学の例を通して観察していく。

獨協大学の創立（一九六四年）時は、いわゆる大学教育の「大綱化」（一九九一年）以前であるため、「大学設置基準」に指示される旧来の一律的な大学カリキュラムに則した科目編成がおこなわれた。「設置基準」では、当時は、大学における教育課程が一般教育と外国語と保健体育と専門教育に四分され、一般教育を三六単位、外国語を八単位、保健体育を四単位、専門教育を七六単位履修し、合計一二四単位を卒業要件とすることが標準とされた。

これに則して、獨協大学は、いわゆる「大綱化」に対応して一九九三年に実施された制度改変以前の一九九二年度まで、以下のような単位数を配当していた。

〔表二〕一九九二年までの獨協大学における配当単位数

	獨協大学	設置基準
一般教養科目	36単位	36単位
外国語科目	24単位	8単位
保健体育科目	4単位	4単位
専門教育科目	80単位	76単位
合計	144単位	124単位

さらに、こうした科目配置に対応して課程編成も一九九二年以前の『獨協大学学則』では、

一般教育科目、外国語教育科目および保健体育科目は教養部において、専門教育科目は専門課程において履修することを原則とする。（第一三条）

と設定されていた。この編成によって、在学四年のうち前半二年分を占有する「教養部」という組織で、外国語と保健体育を含めて教養教育がおこなわれた。教養部は、二年の在学中に上記の単位を修得すれば修了となり、後半二年の専門課程に進学することができた。「進学」という概念は、別個の上級学校への進入を意味し、教養部と専門課程の間に境界線と門戸をおくことであり、教養部が相当に自立性のある学内組織であったことを意味する。しかしこの自立性は、教養課程と専門課程が分離していることも

同時に含意することになる。

創立から一九九二年度までの外国語学部は、「専門」対「教養」という常識的かつ文部省的な図式のもとにあったと定位することが可能である。ただしこの図式では、専門教育の専門性を人格形成といった教育目標に設定することができないので、それを職業との関連性として担保しようとすることになる。それが専門課程における「A類」と「B類」の設定（一九八六年度まで）である。

A類は将来、主として研究者、教師、ジャーナリスト等文筆をもって立とうと志すもののために、B類は実社会に立って活動しようとするもののために設けられているが両類の間にそれほどおおきな相違はない。(12)

専門教育に研究者、教師、文筆業との関係を想定しようという試みであるが、実際のカリキュラムには、上引のように、みずから注記をいれる程度の小差しかない。その意味で、こうした職業との関連による専門性保持の試行は、成功しているとは言いがたい。

もともと、新制大学への移行の際に、獨協大学創立者である天野貞祐は、旧制高校部分を「大学」、旧制大学部分を「大学院」としないことに不満をもっていたとつたえられる。(13)これが事実であるとすれば、天野は、大学をあくまでも教養教育的なものとし、職業と関係しうる専門教育は大学院に担当させるという所論をもっていたことになる。

その意味で、天野には教養教育的意図があったはずである。獨協大学外国語学部の初期のカリキュラムには、当時の文部省的な「専門」対「教養」という枠組みのなかにあっても、その片鱗がうかがわれる。そのひとつは、教養の比重が大きいことで、表一にみえるように、教養課程に対する専門課程の単位数は、設置基準が一・六倍であるのに対し、獨協大学は一・二五倍しかない。一般教育の必要単位数は設置基準と同様の三六単位であるが、教養としての外国語が、設置基準の八単位に対して、二四単位設定されているからである。

もうひとつが科目である。教養部の一般教育の科目名は、当時の『獨協大学学則』の「別表」では、以下の表二の上欄の通りである。これに対して、外国語学部（ここではドイツ語学科）の専門課程の科目名を、科目名称の学問分野名を手がかりに対照すると、自然科学科目以外はほぼ対応する。なお、専門科目から概論と各論と特殊講義の区別は除外してある。

〔表二〕一九九二年までの一般教育と専門課程の科目名対照

一般教育科目	ドイツ語学科専門課程科目
哲学	ドイツの哲学
倫理学	ドイツの宗教
日本語学	ドイツ語学
国語	(ドイツ語史)
日本文学／外国文学	ドイツ文学
日本史／東洋史／西洋史	ドイツの歴史
芸術	ドイツの音楽／演劇

経済学	ドイツの経済
政治学	ドイツの政治
法学	ドイツの法律
社会学	ドイツ事情
社会思想史	——
人文地理学	ドイツの地誌
一般言語学／音声学	（ドイツ語史）
心理学	——
数学	——
物理学	——
化学	——
地学	——
生物学	——
（文化）人類学	ドイツの民俗

この対応を、入門的な概論と個別地域の専門的な各論の関係と把握するなら、それは基礎的な教養と応用的な専門という図式に適合するが、日本の大学で講義される「哲学、倫理学、西洋史、経済学、政治学、法学、言語学」を「ドイツ」を除外して（そして同様に英米やフランスを除外して）講ずることは困

難であり、その意味でこうした科目の設定は、教養教育と専門教育の等レベル性をもたらすものであったとも把握できる。この潜在的等レベル性は、次の一九九三年度以降のいわゆる大綱化にあって、入門的概論と専門的各論の対応ではなく、比較研究と地域研究という対応となってあらわれることになる。

三　大綱化後のカリキュラムと教養

獨協大学における一九九三年度の制度改変の主要な点は、大綱化にともなう教養部の廃止であった。大綱化は、個々の大学が特色ある教育をできるように、教育課程基準が緩和されるという制度の弾力化であったが、実際にはいわゆる一般教養の廃止として出来した。獨協大学外国語学部も、たとえばドイツ語学科を例にすれば、一九九三年度以降は、卒業要件単位が表三のように設定された。

〔表三〕一九九三年度以降二〇〇二年度までの獨協大学における配当単位数

学科基礎科目	30単位
学科共通科目	12単位
学科専門科目	40単位
学部共通科目	28単位
選択	22単位
合計	132単位

この表三における「学科基礎科目」と「学科共通科目」は外国語科目であり、それぞれ一九九二年度より前の教養部の外国語科目と専門課程の外国語科目に相当するものであったから、実際上は、一般教養科目が学部共通科目へと変更された点が最大の違いである。大綱化の文部省通知では、「一般教育科目、専門教育科目等の授業科目の区分に関する規定を廃止したこと」とあるが、[14]「専門」という概念は、「学科専門科目」として残存した。一般教養の廃止という点では、教養教育の放棄と専門性への指向と理解することも可能であったが、実際は、教養部教育を学部内部に編入することでもあった。以下その機序を瞥見する。

旧制度の教養部に相当する「学部共通科目」は、表四のような部門編成となった。

〔表四〕一九九三年度以降二〇〇二年度までの獨協大学の「学部共通科目」カリキュラム部門編成

保健体育
人文科学
社会科学
自然科学
情報科学
比較文化
日本語教育
第三外国語

総合講座

重要なのは、保健体育と総合講座を除外する各部門に、それぞれ「特殊講義」が設定され、さらに、選択科目として「共通演習」というゼミナール形式の授業も設定されたことである。これは、これらの各分野の授業が、形式的にはいわゆる専門授業と同様の講義、特殊講義、演習という授業方式をもつこと、換言すれば、旧一般教養科目においても入門的な概論授業だけではない編成となっていることを意味する。

とくに「比較文化」部門は、特殊講義だけで一三の授業が開設されており、個別地域に特化する「学科専門科目」に対するに、複数の地域にまたがる「学部共通科目」という対比を鮮明にしている。ただし、個別の科目は、表五の人文・社会・自然・情報科学の四分野に開設された科目名に見えるように、旧教養部科目とほぼ同様である。

〔表五〕一九九三年度以降二〇〇二年度までの「学部共通科目」の科目名

人文科学
哲学
心理学
倫理学
国語学
日本／外国文学
歴史学

社会科学	政治学
	経済学
	日本国憲法
	社会学
	国際関係論
	文化人類学
自然科学	数学
	物理学
	地学
	生物学
情報科学	コンピュータ概論
	情報論
	文献調査法
	言語学

個別科目がこのように旧制度と同様であるということから、上述した「地域」と「比較」という構成（および特殊講義と演習という形式）が、教養科目を学部の専門的な教育課程に編入するための方策であったということができる。ただし制度上は「教養」という用語は無くなっており、わずかに『履修の手引

き』に、

学部共通科目は、幅広い教養と学科の専門をこえた高度な知識を身につけるために設けられており、〔…〕人文科学、社会科学、自然科学の三部門のうち特殊講義科目以外の部分は、特に、基本的な教養を幅広く身につけるために設けられており〔…〕(15)

とあるに止まる。この『手引き』が説述していることは、「教養」を「基本的」でかつ「概論的」なものであると定義づけることである。遠見するかぎり、それは教養教育と専門教育を同化させようという試みのひとつと見ることができる。ただし当該段階としては、あくまでも教養を個別科目に分解し、ひとつひとつの科目をある専門分野の基礎的な概論科目に位置づけるということであった。教養は制度としては存在せず、教養全体の複雑さと多様性も失われるという意味では、「脱教養」による教養科目の専門課程への取り込みであった。

四　現在のカリキュラムと教養

この「脱教養」による教養科目の専門化から、専門課程の教養化とみえる方向への変化が、獨協大学における二〇〇三年度の制度改変である。二〇〇三年度以降の卒業要件単位は、ドイツ語学科を例にとると、表六のように変更される。

〔表六〕二〇〇三年度以降の獨協大学における配当単位数

学科基礎科目	30単位
学科共通科目	8単位
学科専門科目	32単位
全学共通科目	34単位
選択科目	24単位
合計	128単位

単位数の増減はあるが、学科基礎から学科専門までの三種類の科目については、その内容に過大な変更はない。ここでの主要な変化は、それまでの「学部共通科目」が「全学共通科目」になったことであるが、それは「学部」から「全学」へという範囲の拡大を意味するのではない。その趣旨は以下のように記述される。

21世紀を迎え、私たちが抱えている様々な問題は、広く地球規模で考えなくてはならない時代に入りました。[…] 山積する課題は、個別に専門科目を学ぶだけでは解決できなくなりつつあります。そこで、よりグローバルな視野に立って専門学問を広げるとともに、その学問を実社会に生かしていけるように磨いていくことが、これからますます必要になります。これが全学共通授業科目を開

設した最大の理由です。こうした学修のあり方を本学では「新しい教養主義」と名づけています。(16)

一度「脱教養」的な方向にあったものを、再度「教養主義」として提示しなおすことが、この改変の主眼であった。その内容は二つである。一つは、前回の改変から続く授業方式の多様化(非概論的講義化)である。全学共通授業科目は、表七のように授業の形式によって編成され、特にそのカテゴリーⅣの実習的・実践的科目が、学問を実社会へ広げるための方策であると強調された。

〔表七〕二〇〇三年度以降の獨協大学における「全学共通授業科目」の編成

カテゴリーⅠ	総合講座科目
カテゴリーⅡ	概論的科目
カテゴリーⅢ	各論的科目
カテゴリーⅣ	実習的・実践的科目
カテゴリーⅤ	体育科目

もう一つは、授業内容についての変更である。一九九三年度改変段階では、外国語学部内部での「学部共通科目」であったため、個別学科の「地域」に対する学部での「比較」という枠組みであったが、地域を交差・混淆させるだけではなく、学問分野自体の交差・混淆が必要であるとして、学際的な科目の開設がはかられた。前引した二〇〇三年度版『履修の手引き』では、

全学共通授業科目には、第一に、学際的学問的な課題を扱う諸科目を開設しました。また、副題を設け、科目の内容を分かりやすく示すようにつとめています。[17]

と記述される。

このながれにあるのが、二〇〇七年度の国際教養学部への改組である。二〇〇三年度の改変では、再度「教養」がクローズアップされたが、「学際的」という定義では、それがどのように「実社会へ生かされる」のか、一九九三年度改変の「個別地域」と「比較」にあっては理解しやすかった学科専門科目との関係がどのようにはかられるのか、など不明な部分が多数残存していた。こうした問題点への解答の一つが国際教養学部であり、そこでは、学部構成員が担当していた全学共通科目が、基本的にすべて学科の専門科目とされ、専門と教養の垣根がとりはずされた。

大綱化による制限の廃止の結果として、多数の大学においては、一般教育科目が廃止されて専門科目だけが残存したのであるが、国際教養学部は、逆に、専門科目を廃止し、教養科目を大学学部での履修の中心にしたと言うことができる。獨協大学の創設者である天野貞祐の志向した大学の実現であると同時に、実社会における職業との関係を専門の意味とするのではなく、学問による人格形成をこそ専門の意味と定義するものでもある。この試みは、まだ一学部に限定されたものであるが、大学教育のあり方へのひとつの挑戦である。

註

1 東京外国語大学ホームページ http://www.tufs.ac.jp/common/is/soumu/kitei/01_01gakusoku.pdf (2017.09.20)

2 東京外国語大学ホームページ http://www.tufs.ac.jp/abouttufs/mission.html (2017.09.20)

3 上智大学ホームページ http://www.sophia.ac.jp/jpn/content/download/36613/376990/file/2015gakusoku_beppyo1.pdf (2017.09.20)

4 同上。

5 いわゆる「地域研究」がヨーロッパ世界からそれとは異質の世界をみるための「外地研究」に始まることは、たとえば小林泉（二〇〇二）の『地域研究概論』などでしばしば指摘されるところである。この小林の書物では、「欧米を地域研究の名の下に研究の対象にする意義は薄い」ことも指摘されている（八〇頁）。

6 東京外国語大学ホームページ http://www.tufs.ac.jp/abouttufs/mission.html (2017.09.20)

7 上智大学英語学科ホームページ http://www.sophia.ac.jp/jpn/program/UG/UG_FS/UG_FS_English (2017.09.20)

8 獨協大学ホームページ https://www.dokkyo.ac.jp/daigaku/pdf/gakusoku.pdf (2017.09.20)

9 「実学」という用語は、古くは、中国漢代の『論衡』巻一〇の「非韓篇」に法治主義的な法家の学問を指示して「儒名を以て俗行し、實學を以て偽説す」と使用されるように、政治的な実践性をもつ学問という意味であった。具体的な内容としては後代に、『宋史』巻四一八の「程元鳳伝」に「實學、實政、國本、人才、吏治、生民、財計、兵威、八事を疏言す」と「吏治、財計、兵威」などと並列されるが、政治的な実践性という『論衡』以来の意味の延長線上にある。近代になると、『清史稿』巻四六六の「袁昶伝」に「昶嘗て士に實學鮮きことを慨し、農桑、兵、醫、輿地、治術、掌故の諸書を輯め、為漸西村叢刻を爲る」とあるように、『明六雑誌』の用例とほぼ類似した概念となっている。

10 津田眞道「開化ヲ進ル方法ヲ論ズ」〔『明六雑誌』第三号、七～一一丁所収〕七丁表。手近には、津田真道「開化を進《すすむ》る方法を論ず」〔山室信一／中野目徹（校注）『明六雑誌』（岩波文庫）上一一七〜一二一頁所収〕一一七〜一一八頁を参照。

11 日本近現代史辞典編集委員会編『日本近現代史辞典』（一九七八）に収録される尾崎ムゲンの「文部省管轄高等教育機関一覧」（九八九〜九九九頁）による。

12 獨協大学教務課（編集・発行）『昭和53年度学科目履修の手引き』所収の「専門課程学科科目履修に関する注意」（二二頁）

13 松丸壽雄獨協大学外国語学部教授（現在は名誉教授）の教示による。

14 平成三年六月二四日付文部事務次官通知「大学設置基準の一部を改正する省令の施行等について」

15 獨協大学教務課（編集・発行）『履修の手引き（平成6年度版）』七〇頁。

16 獨協大学教務課（編集・発行）『履修の手引き（平成15年度版）』三四頁。

17 同上三四頁。

第八章　これまでの、そして、これからの人間形成としての教養

――グローバル化と多文化共生の時代のために――

高橋輝暁

一　日本の大学における人間形成としての教養と「建学の理念」

日本において西洋的意味での大学が設立されたのは、周知のように、一八六八年の明治維新の後になってからだ。明治政府のもとで洋学推進の機関が統合されて一八七七年に旧東京大学が発足する。それが、一八八六年の「帝国大学令」をもって「東京帝国大学」となると、順次いわゆる旧帝国大学が整備されて行く。こうした官立の大学のほかに、明治の初期から、すなわち一九世紀後半には、私立学校も数多く設立され、少なからず、後の私立大学の母体となった。

日本の大学、とりわけ私立大学は設立の当初から、いわゆる「建学の精神」または「建学の理念」に相当する設立の趣旨を謳っている。確かに、獨協大学にも「建学の理念」があり、それによれば「大学は学問を通じての人間形成の場である」という。これは、創立者天野貞祐（一八八四～一九八〇）の言葉

で、大学の石碑にも刻まれている。[1] 私立大学には、当初からその設立の趣旨を明確にする必要があったにちがいない。どのような人間を輩出するかを含めて、設立の目的と教育理念や教育方針を掲げることは、大学にかぎらず、私立学校の創設にあたって、民間の出資者を募り、篤志家の資金援助を受けるためにも必要だ。それはまた、官立の大学やほかの私立大学との差別化を図り、各大学が自らの特色を積極的にアピールすることに繋がる。

国が設立した官立大学では、もちろん、事情が異なる。一八八六年の「帝国大学令」を見ると、その第一条に「帝国大学ハ国家ノ須要ニ応スル学術技芸ヲ教授シ及其蘊奥ヲ攻究スルヲ以テ目的トス」[2] とあるから、近代化を急ぐ帝国日本の国家を学問と技術の面から担う人材の育成と研究の推進が、官立の帝国大学の使命だったといえよう。「国家ノ須要ニ応スル」ことを目的として国庫から公費が投入される帝国大学に対して、私立大学は、発足後もその運営経費の多くを学生が負担する授業料と民間からの寄付金によってまかなわねばならない。ここにも、私立大学が早くから「建学の精神」ないしは「建学の理念」を標榜して、自らの存在意義を学内外に向けて積極的に表明してきた理由があるのだろう。

慶應義塾の設立をもって近代的私学の原型を築いた福澤諭吉（一八三四～一九〇一）の言葉「気品の泉源、智徳の模範［…］以て全社会の先導者たらんことを欲するものなり」は、「慶應義塾の目的」としてその大学の教育理念にもなっている。[3]「国家ノ須要ニ応スル学術技芸」すなわち専門的知識を修得するだけではなく、「気品」と「智徳」を備えて「社会の先導者」となる人間を形成するところにその目的があるというのだから、慶應義塾大学が目指すのは人間形成にほかならない。この点は、それを明記していない官立の帝国大学との違いでもある。

ミッション系の大学、たとえば立教大学の創始者は、英国聖公会（英国国教会またはアングリカン・チャーチ）の流れを汲む米国聖公会のウィリアムズ主教（Channing Moore Williams, 1829–1910）だ。一七八四年に発足したその英語学校から発展したのが立教大学で、「建学の精神」は「キリスト教に基づく人間教育」だと言われる。(4) 学生を知の面だけでなく、人間としてのすべての面において育てるのが、その目指すところなのだ。それは「全人教育」とも言う。大学キャンパスにおける学生生活全体を人間形成の場として捉え、学修カリキュラムにおいてはいわゆる「リベラル・アーツ」(liberal arts)、すなわち自由な人間を形成するための教養教育を中心に据えている。

「リベラル・アーツ」という英語のカタカナ書きから窺われるのは、この大学が人間形成にあたって、西洋の伝統に依拠していることだ。加えて、その「人間教育」が「キリスト教に基づく」というのだから、ここに表明されているのは、西洋志向にちがいない。というのも、キリスト教は、中世のみならず、近代の西洋文化の代表的構成要素だから、その意味で西洋近代の代名詞だと言えるわけだ。したがって、この「建学の精神」が目指す人間像は、少なくとも立教大学の草創期にあっては、西洋的伝統の意味での「自由な人間」だったと言わねばならない。

確かに、一九世紀半ば以来、とりわけ明治以来、近代化の名のもとにあらゆる面で西洋化を推進してきた日本にあって、西洋的意味で近代的人間を育てることは、長らく自明だったはずだ。「リベラル・アーツ」というカタカナ語と「キリスト教に基づく」という修飾語が、典型的かつ明確に表しているのは、近代日本の大学における「人間形成」が、日本の学生を西洋的人間へと形成することなのだ。西洋的学問とその成果が教授され、学修されるだけでなく、それを基軸とした全人教育によって、学生は全面的に西洋化され、また自ら西洋人のようになろうと、たゆまぬ努力を重ねた。西洋近代の生活様式と価値観とを身につけ、西洋的人間になるのが目標だった。西洋的人間の形成、これが、日本の近代化の過程における人間形成にほかならない。

日本の近代化の初期を振り返ってみると、いわゆる「和魂洋才」の発想で、西洋の科学技術の習得だけにとどまる外面的な近代化を図るのみでは、西洋列強に太刀打ちできないとの認識にいたっていたことも確認できる。「和魂」も近代化、すなわち西洋化しなければならないというのだ。だからこそ、学校教育においても、大学においても、その使命は、日本の若者たちを近代化すること、すなわち西洋的人間に育てることにあったのだ。それは、慶應義塾を設立した福澤諭吉の『學問のすゝめ』（一八七二～一八七六）、この明治啓蒙のベストセラーをみても分かる[5]。

そこでは、近代化以前の日本で「学問」とされてきた漢文、和歌など「實なき文學」は二の次として排除するとともに、「いろは四十七文字を習ひ、手紙の文言、帳合の仕方、算盤の稽古、天秤の取扱等を心得」る必要を強調する。そのうえで、「日本國中は勿論世界萬國の風土道案内」としての「地理學」、「天地萬物の性質を見て其働を知る學問」すなわち当時の西洋の物理学を指す「究理學」、「萬國古今の有様を詮索する」ために学ぶ「歴史」、「一身一家の世帯より天下の世帯を説」く「經濟學」というように、一連の西洋的学問を列挙して、その修得を「すゝめ」ているのだ。これらを「人間普通日用に近き實學」として身につけて日常生活で全面的に活用するならば、その人間の行動は西洋的意味で近代的だろう。

それに加えて、福澤は「脩身學《しゅうしんがく》とは身の行を脩《おさ》め人に交り此世を渡るべき天然の道理を述たるものなり」と記す。この「脩身學」も、日本古来の修身ではなく、西洋の倫理学あるいは交際マナーにちがいない。というのも、それに続いて「是等の學問をするに、何れも西洋の飜譯書を取調べ［…］文才ある者へは横文字をも讀ませ、一科一學も實事を押へ、其事に就き其物に從ひ、近く物事の道理を求て今日の用を達すべきなり」とあるからだ。そうだとすれば、こうした「脩身學」の行動規範は、西洋近代人のそれだろう。『学問のすゝめ』とは西洋的学問のすすめにほかならない。学問的知から行動様式にいたるまで西洋の書物から学んで形成されるのは、西洋的近代人だ。福澤諭吉にとっては、それこそが、「身も獨立し家も獨立し天下國家も獨立すべき」方策だった。

とはいえ、長い文化的伝統に培われてきた「和魂」が、西洋的伝統に根ざす精神へと転換するのは、容易ではない、というより不可能だろう。実際に、和と洋とのこの緊張関係は、過去一五〇年にわたる日本の近代化の過程で、日本の伝統と西洋の近代との間の葛藤となって現れ、いわば伝統主義と近代主義との間を揺れ動いてきたと言っても過言ではない。

二　日本におけるドイツ的教養理念

獨協大学の建学の理念にある「人間形成」とは、もともとドイツ語の Bildung（ビルドゥング）の和訳で、「教養」の原語でもある。しかもドイツ語の Bildung は、ラテン語でいう artes liberales（アルテース・リーベラーレース）、すなわち「自由学科」を引き継いだ概念だ。それを英語では語順を逆転させて liberal arts（リベラル・アーツ）というのだから、獨協大学の建学の理念にある「人間形成」と立教大学の「リベラル・アーツ」とは、概念史的にみれば、同じルーツをもつ。

「自由学科」は西洋文化の伝統に深く根ざしており、八世紀には、中世ヨーロッパにおける教育の基礎となっていた。それは、言語能力に関わる三学科、すなわち文法学、修辞学、論理学と、精神形成を目指す数学的な四学科、すなわち算術、幾何学、天文学、音楽とから成るので「自由七学科」あるいは「自由七科」とも言われる。神に関する「神学」を頂点に、その下に「法学」と「医学」を併置した中世ヨーロッパでは、自由学科は「哲学」として最下位に位置づけられ、上位三学科を学ぶための予備学だった。とはいえ、「法学」と「医学」が実用的なのに対して、精神を形成する「自由学科」は、とりわけドイツで重視され、「哲学部」に引き継がれて近代にいたる。一九世紀になると「哲学部」から自然科学が、やがて社会科学も分化し、今日では「哲学部」といえば、もっぱら人文系の学問で組織されるから、日本の「文学部」に相当すると言ってもよい。西洋で現在も、人文系ばかりでなく、法学と医学とを除いて、しばしば、社会科学系や自然科学系も含めて「哲学博士」(英語でPhD)と言うのは、この伝統による。

英語の「リベラル・アーツ」に対応するドイツ語Bildungが「教養」と和訳されたのは、二〇世紀の初頭の一九一七(大正六)年頃、阿部次郎[6](一八八三~一九五九)あるいは和辻哲郎[7](一八八九~一九六〇)あたりかららしい。そのとき、「教養」はいわゆる大正教養主義の基調をなす理念となった。その中心的担い手の阿部や和辻と同世代の天野貞祐は、もともと教育者を志して哲学の道に入り、近代ドイツを代表する哲学者カント(Immanuel Kant, 1724–1804)の『純粋理性批判』を初めて全訳したことでも知られる。これは、かつて教養主義の牙城だった旧制高等学校の学生にとって必携の書だったという。近代の科学的学問による認識を論じたこの著作の和訳が、教養人必読の書とされたのだから、このこと自体が「人間形成」における「学問」の役割を象徴していると言っても過言ではない。

いずれにしても、天野が「学問を通じての人間形成」というとき念頭にあったのは、何よりもベルリン大学の創設者ヴィルヘルム・フォン・フンボルト（Wilhelm von Humboldt, 1767–1835）の思想だろう。実際に天野の著書『私の人生観』（一九四一）には「フンボルトの大学観」という一章もある。もちろん、ドイツ観念論哲学のヘーゲル（Georg Wilhelm Friedrich Hegel, 1770–1831）にも折りに触れて言及している天野は、人間形成としての教養を論じたこの哲学者を忘れていないはずだ。さらに、「人間形成」の意味での教養思想の源泉として cultura animi（クルトゥーラ・アニミー）すなわち「心の耕作」または「心の文化」を唱えた古代ローマの思想家キケロ（Marcus Tullius Cicero, 106 BC–43 BC）も、天野は思い浮かべていたにちがいない。キケロの名前を挙げてはいないけれども、「教養」という「言葉の起こり」をラテン語 cultura（クルトゥーラ）にさかのぼって、そのもともとの意味が「耕作」だとの説明に加えて、「耕された精神とか心」という言葉も、天野は用いているのだ。[10]

日本語で「教養」というと、今日では一般に「専門を超えた幅広い知識」というように、人間がもっている知識の量であるかのように思っている向きも少なくないようだ。しかし、それが誤解に基づくことは、「教養」の原語となったドイツ語 Bildung の意味を考えてみれば分かる。英語の building（ビルディング）と語源を同じくするドイツ語 Bildung の意味は、「形づくること」にほかならない。英語の building は、物質的な「もの」、たとえば「建物」をつくることから一歩進んで、その結果としての「建物」を意味する。これに対して、ドイツ語の Bildung は人間の精神的「形成」、すなわちキケロの言う「心の耕作」

のことなのだ。このようにBildungが動詞的意味で用いられているのは、フンボルトにあっても、ヘーゲルにあっても変わらないと言える。事実、「教養」という訳語を考えたと思われるあの阿部次郎からして、すでに『三太郎の日記』で「教養する」という動詞形も用いている。[11]

したがって、その「教養」を、暗記した多量の「知識」だと誤解されないように、天野貞祐は動詞的意味合いの「人間形成」という訳語をもって言い換えたのだろう。大学を教員と職員と学生という三つの「創造的契機」から成る「倫理的文化的な教育協同体」[12]と考える天野貞祐が、獨協大学の「建学の理念」として「大学は学問を通じての人間形成の場である」と言うとき、教員は「学問を**教**えることで心を**養う**」、学生は「学問を**教**わることで心を**養う**」そして職員は「学問の営みとしての**教**学を支援することで心を**養う**」――「教養」をこのように読み解けば、「学問を通じての人間形成」における「人間形成」は、すなわち「教養」にほかならないと言える。

三　人間形成としての教養の理念と日本の大学改革

大正時代にドイツから受容された「人間形成」としての「教養」の思想は、教養主義の牙城だった旧制高等学校に根づく。それは、さらに第二次世界大戦後の学制改革を経て、新制大学に受け継がれるときに、アメリカの影響下で制度的には「一般教育課程」に組み込まれる。「一般教育」という名称は英語のgeneral educationの和訳で、ドイツ的伝統を踏まえたドイツ語Bildungに基づく「教養」ではなく、アングロサクソン的「リベラル・アーツ」の伝統に切り替える意図があったのかもしれない。日本の教育の非ドイツ化ないしは非ゲルマン化とでも言えようか。いずれにせよ、ドイツの影響下にあった旧制高等学校の観念論的教養主義は、一九三〇年代から台頭した日本ファシズムをイデオロギー的に支えこそすれ、それに抵抗する力にはならなかったとして、戦前から戦中において日本がドイツ的観念論に指針を求めたことに対する批判と反省があったのは事実だ。

それにもかかわらず、戦後の新制大学では、一般教育課程を担う組織として国立大学には「教養部」が設置され、学部に準じた自律性と意志決定権をもつ教授会を構成した。また、学生も、四年の在学期間のうち前半の二年はここに所属して、教養教育を受けることになる。私立大学では、国立大学のように教授会を備えた独立の部局を組織しないで「一般教育課程」だけを展開するケースと並んで、国立大学に準じて「教養部」を設けたところもあった。立教大学がこの組織を英語の general education に基づいて「一般教育部」と称したのは、アメリカ系のミッションスクールだからかもしれない。

このように「教養」という言葉が戦後の新制大学でも使用されたのは、「教養部」という大学内の正式な組織名に限らない。「一般教育課程」と同じ意味で「教養課程」あるいは両者をミックスした「一般教養課程」と言うこともしばしばだった。ここに、日本における「教養」という言葉の根強さが窺われる。このようにして、「人間形成」としての「教養」の理念は戦後から一九九〇年代初頭まで、日本の高等教育の制度の中で、曲がりなりにもその地位を守ってきた。

ところが、一九九一年の大学設置基準等の改正により、当時の文部省（現在の文部科学省）を介する国の規制が大幅に緩和された。この大学設置基準のいわゆる「大綱化」により、カリキュラムも各大学が自由に編成できるようになる。そこで真っ先にやり玉にあがったのが、「教養部」あるいは「一般教育部」

とその教育課程だった。そのとき指摘された問題点は、次の三つに要約されよう。

（1）最初の二年間の教養課程で展開されている一般教育科目とそれを担当する教員は、専門学部に比べて低く見られていた。その原因は、専門学部も学生も、大学教育の最終目的は専門学部での学修にあると考えており、また卒業生を送り出すのも教養部ではなく、専門学部だったことにある。

（2）一般教育のための組織、すなわち教養部は、戦前の旧制高等学校を母体として、新制大学に組み込まれたので、専門教育を担う専門学部は、教養部とその課程を高等学校の延長と見なしていた。

（3）専門学部も学生も、一年次から専門教育を実施することを強く望んでいた。

この三つが重要な問題点だったとしても、いずれも人間形成としての教養の理念の内実とは関係ない。それにもかかわらず、「大綱化」をもって、専門教育にとってほとんど「役に立たない」一般教養からやっと解放されるチャンスが到来した――このように大学関係者の多くが誤解したのだ。その結果、ほとんどの大学が「教養部」の廃止と一般教育課程の縮小とに向かって走ることになる。

それから二〇年余りを経た今日、教養教育と専門教育との関係において決定的な現象が露わになった。大学での学問の修得に対する学生の姿勢の変化もあって、現今の大学における専門教育は、細分化した高度の専門性に見合う教育になっていない。とりわけ学士課程では、学生の学力低下がしばしば問題視される中、専門教育を施して専門家を養成するというよりは、むしろ、専門教育の内容を簡略化することで、専門に重点を置いた幅の狭い教養教育になっているように見える。とはいえ、それを批判するよりもむしろ、専門教育の名のもとに教養教育が施されているのだから、ここにいたって、人間形成としての教養の理念が復権したと考えるべきなのかもしれない。思い起こしてみれば、日本の学士課程は、戦後の学制改革以来、「専門課程」と言いながら、三・四年次においても専門家養成というよりも、教養教育を施してきたというのが実態だったろう。

この点では、現在の日本の大学における学士課程は、「リベラル・アーツ」の理念に基づくアメリカの大学のそれに類似する。戦後日本の学士課程にアングロサクソン的「リベラル・アーツ」のカリキュラムを導入したことの「成果」が、半世紀後にようやく目に見えるようになったというべきかもしれない。いずれにしても、日本の学士課程は、その「リベラル・アーツ」のカリキュラムを裏打ちする理念として、戦前からのドイツ的教養思想を多かれ少なかれ引き継いでいる。だからこそ、戦後の大学でも「教養」という言葉が使われ続けたのだろう。戦後日本の新制大学の歴史をこのように読み解くなら、戦後二〇年近く経過した一九六四年に天野貞祐が獨協大学を創設するにあたって、「人間形成」としての「教養」の理念を「建学の理念」としたことが、二一世紀を迎えた今日、半世紀前の建学時にも増して活きてくると思われる。それを裏づけるかのように、当の獨協大学は、二一世紀を迎えた二〇〇七年になって、「人間形成」としての「教養」こそが学士課程の「専門」にほかならないことを具現する「国際教養学部」を設立しているのだ(13)。

このような分析を踏まえると、「人間形成」のための教養教育は、二一世紀の大学の要と言っても過言ではない。しかも、今日、それを担う核となるのは、文系の、とりわけ人文系の諸学だ。そうであれば、人間形成としての教養にとって日本はきわめて恵まれた国だと言ってよかろう。というのも、日本には文系学部を中心とする私立大学が、さらには文系学部のみの私立大学が少なくないからだ。しかも、それらは多かれ少なかれ、「人間形成」あるいはそのヴァリエーションと見られる教育目標を掲げているのだ。

そもそも、私立大学はその運営経費の大部分を学生の納付金によってまかなっており、国公立大学とは異なって、税金への直接的な依存度はきわめて低い。今日では、税金に依存するとどこでも例外なく、費用対効果が問われ、短期間で目に見える効果が、何よりも経済的市場原理を基準とした効果が求められてしまう。それこそ、国立大学に対して文系学部の廃止を促すかのような示唆が、一時的ではあれ、文部科学省から出てきた所以にちがいないと勘ぐりたくなるのも、もっともだ。そこには、学生がその生涯を通じて毎日の生活で目に見えない効果を発揮してゆく人間形成としての教養の余地はほとんどない。これが、日本に限らず、ヨーロッパにも見られる国際的傾向であることは、ドイツ的教養理念を受け継いで大学を構築してきたハンガリーやフィンランドの現状が示唆している。[14] それがヨーロッパの多くの国に適用されたボローニャ・プログラムに起因するというのだから、近代における人間形成としての教養の理念の元祖ドイツをも含めて、危惧の念を禁じえない。

そう考えると、日本の私立大学のように人間形成のための教養教育に適した教育機関は、国際的にも自明ではなく、二一世紀の大学のモデルとなり得るのかもしれない。少なくとも現在において、人間形成としての教養の理念を改めて活性化するチャンスに恵まれているのは、目に見える実利的成果を求める税金に縛られがちな国立大学や公立大学よりも、むしろ日本の私立大学だと言うとしたら、極論に過ぎるだろうか。もちろん、旧来の教養理念をそのまま復活しようとするのなら、このチャンスを活かすことは、絶対に不可能だ。人間形成としての教養の中身は、すなわち、どのような人間像を目指して人間を形成し、「教養する」のかは、文化によっても、時代によっても異なる。だから、それについては、その都度、当該の社会において議論を続けなければならない。確かに、一八世紀のドイツにおいてその教養理念が形成された当初の段階で、たとえば、ヴィルヘルム・フォン・フンボルトにあってもすでに、人間形成が目指す「人間性」は「絶えず新たに定義し直され、それぞれの世界と、それぞれの時代との議論を通じて修正されなければならない」とされていたのだ[15]。だからこそ、「グローバル化と多文化共生の時代」に生きる私たちは、「これからの人間形成としての教養」を考えてみる必要がある。

四　グローバル化と多文化共生の時代

電子化された情報とマネーが文化圏や国境を越えて世界中を駆け巡り、特定の地域の出来事が直ちに全世界に影響を及ぼす時代が、二〇世紀末から始まった。それは、とりわけ一九世紀から二〇世紀まで、西洋近代の文化が先進的文明として非西洋世界においても拡大の一途をたどってきた帰結のようでもある。このグローバル化の波は、経済という文化の一部で始まり、やがて西洋に由来する特定の文化を世界化し、世界の多様な文化が究極のところ唯一の「世界文化」に収斂するようにも見えた。ここに、西洋近代の一元主義が最終段階を迎え、地球上を覆い尽くすことにより、ようやくグローバルな次元で唯一の世界観と価値観の共有が実現し、「文明の衝突[16]」が回避されるとの期待も、一部には生じていたのだ。

ところが、現実には特定の文化から生まれた特定の基準による世界の一様化に対する抵抗は強く、グローバル化は、同時に多文化主義の台頭を促進した。二一世紀の特徴を成すこの両者は、いわば同じコインの表と裏の関係にあるのだ。世界をひとつの共通ルールで統一しようとするグローバル化に対して、多文化主義は、世界の文化の一様化ではなく、その多様性に豊かさを認め、それぞれの個別文化に独自の価値と平等の存在権を認める。グローバル化が世界の隅ずみまで浸透して押しとどめるべくもないとすれば、それに対する個別文化の抵抗も増幅されざるをえない。それはしばしば、政治や文化における新たなナショナリズムとして、あるいは宗教における原理主義として、きわめて排他的な、それどころか戦闘的な様相をも呈する。ここには、異質な他者の存在を自己の存在とそのアイデンティティとを脅かす、あるいは阻害する要因とみなす文化ナショナリズムの危険性が垣間見える。だからこそ、グローバル化の中での多文化共生が、世界的に焦眉の課題となっているのだ。

それればかりではない。個別の各国の内部においても、文化を異にするさまざまなマイノリティのグループが声をあげ、当該文化圏における既成の価値観と秩序を揺るがす。それがまた、国際的な運動として、グローバルに拡散する。加えて、労働市場を含めた経済的要因の国際的流動化にともない、同一社会内での経済的格差が極端に広がり、それが格差社会を、そしてまた、利害関係の相違に基づく価値観の対立を招来している。要するに、国際的にも国内的にも、多文化共生へ向けての努力が不可欠になっているのだ。

こうした情勢の中で多文化共生を目指すとすれば、文化ナショナリズムを克服して、文化的に異質な他者の並存を認めるだけでは不十分だろう。異文化の他者の存在を、むしろ豊かさと捉えて、その異質性を積極的に活かすことができてはじめて、「共生」の名に値する多文化共生が可能になるのだ。そうであれば、明治以来の日本の近代化において人間形成としての教養の目標だった近代的人間は、多文化共生が求められる二一世紀の人間像ではありえない。世界中の誰もが押しなべて近代的人間像に適った人間になろうとするなら、それは世界の多様な文化を近代文明の名のもとに西洋文化へと一元化することになってしまう。

二一世紀の世界において、また、今日の日本において求められている多文化共生は、西洋近代が人間形成すなわち教養の普遍的目標にした近代的人間像と原理的に相容れない。そもそも、特定の人間像を私たちすべてが押しなべて目指すべき目標とするような近代的考え方そのものが、問題なのだ。それは、ひとつの特殊な文化に過ぎない西洋文化をもって、人類に普遍的な唯一の世界文化であることを前提とする。それは、その他のさまざまな文化を排除することになるから、多文化共生の否定にほかならない。

人間形成としての教養と文化とがこのように相関関係にあることは、両概念の歴史的由来も裏づけている。Bildung すなわち「人間形成」としての「教養」の概念史的ルーツは、キケロのラテン語 cultura animi すなわち「心の耕作」だった。そこでいう cultura すなわち「耕作」が西洋の近代語に外来語として移入されて culture（英語読みでカルチャー、またはフランス語読みでキュルテュール）や Kultur（ドイツ語でクルトゥーア）となり、それが日本語で「文化」と翻訳されてきたのだ。したがって、「教養」と「文化」は、西洋語の概念史をたどれば、両者とも同じラテン語 cultura に由来する。日本語では両者を使い分けるのが一般的で、社会の教養が「文化」で、個人の文化が「教養」だ。同じことを天野貞祐は「教養の客観化されたものが文化で、文化の主体化されたものが教養だ」[17]と言う。だから、文化の多様性を豊かさと捉える多文化共生の社会は、個人の人間形成としての教養にも文化的多様性を求める。

今日のようなグローバル化と多文化共生の時代に要請されているのは、多文化共生に向けた人間形成としての教養だ。それは、異文化に出会ったときに、多文化共生に適った対応ができる人間を形成する教養にほかならない。多文化共生に適った対応をするためには、そこで出会う異文化が、文化的に異質な人間であれ、あるいは異文化の産物であれ、それを自己の文化あるいは自己の教養の中で活かす能力が前提となる。しかも、異文化との出会いによって自己自身を変えることそのものが、自己の人間形成としての教養のプロセスにほかならない。しかしながら、異文化を自己自身の人間形成としての教養に活かすとき、それによって、従来の自己自身は変わらざるをえない。それは、多かれ少なかれ従来の自己を否定して、新しい自己を形成することを意味するから、当然ながらある種の痛みを伴う。それに耐えられる、いやそれに快さを覚えられる人間の形成が、多文化共生のためには必要なのだ。それはどのような人間だろうか。

五　多文化共生のためのハイブリッドな人間像

西洋近代の人間像をいつでもどこでも有効な普遍的目標としてきた従来の人間形成としての教養が目指したのは、矛盾ない統一的自己意識という意味でのアイデンティティの確立であり、それを首尾一貫して保持し続ける「人格の完成」だった。それは、「完成」と言うのだから、それ以上は修正の余地がなく、したがって、変える必要もない「人格」になることを意味する。ところが、そのような個人とは、言い換えれば、自己を絶対化する頑固な人格の持ち主のことだ。そのような人間には、自ら積極的に自己自身を変える意志も能力もない。そのような人間は、異文化と出会ったとき、異文化の相手に対して自分の文化への一方的な順応を求める。それは異文化の否定であり、多文化共生の拒否にほかならない。

多文化共生を目指すなら、異文化との出会いにおいて異文化を活かすことで自己自身を変える能力が求められる。そうであれば、それぞれの人間の自己形成としての教養が目標とするのは、むしろ自己に複数の文化的アイデンティティを認め、それを駆使して生きて行く中で直面するさまざまの状況に対して、適切なバランスをもって対応できる人間だ。天野貞祐が、「教養ということの最も重要な点」と見なした「中庸」も、こうした「バランス」の意味で解釈し直せるだろう。

極端とか偏頗とかいうことではなくて中庸を得ておるとか、或いは具体的であるとか、そういうことが私は教養ということの最も重要な点だと思います。(18)

これに続けて、「自分がよいと考えさえすれば［…］的中」できるわけではないと指摘されているから、そこに、異文化の他者の存在と価値を認める多文化共生の論理の一般化を読み取ることもできよう。

私たちが人生というものを生きて行く場合に、自分がよいと考えさえすれば、言い換えれば、主観的によしとすれば客観的にも的中できるかというと、そうはゆかないのであって、そこに人生のむずかしさがある。(19)

さらに天野は、「絶えず変化」する「人生」において「同じ体験内容」が「二度とはない」ことを強調する。

人生というものは絶えず変化しております。［…］同じ体験内容というものは二度とはないのであって、いつでも変化して行くのであります。[20]

この「二度とはない」とは、「いつも新しい」という意味にほかならず、そうした新しい「体験内容」の典型が異文化体験だといってよい。

そういうときに適当に判断をして行く、［…］そういう力が教養の最も大きな特徴だというように考えられるのだと思います。[21]

ここで天野がいう「そういうときに適当に判断をして行く［…］力」を読み換えて、それを生きていく中で直面するさまざまの状況に対して適切なバランスをもって対応できる能力と解釈すれば、その「力」とは、多文化共生を目指す各個人に必須の能力であると言ってもよい。それが「教養の最も大きな特徴」だと言うのだから、天野の教養理念の論理は、二一世紀の人間形成としての教養の論理として活かすこともできよう。そうであれば、天野の思想が根ざすふたつの思想的伝統、すなわち東洋的儒教の「中庸」とドイツ的教養理念とは、その論理的構造の点で、二一世紀に達する射程を有することになる。

いずれにしても、自己に複数の文化的アイデンティティを認め、それを駆使して二一世紀の多文化世界に生きるためには、そこで絶えず新たに直面する状況に相応しい文化的アイデンティティに基づいて、それに相応しい役割を適正に演じる必要がある。しかも現実には相互に矛盾する文化的役割を演じ分けねばならないことも少なくない。ひとりの個人の人格において相互に矛盾する文化的役割を適正に演じるためには、唯一の特定の文化的アイデンティティを首尾一貫して継続的に保持しなければならないといった固定観念から自由になる必要がある。グローバル化と多文化共生の時代に求められているのは、矛盾なく継続する同一性を前提としてアイデンティティを確立した個人ではなく、文化的に複数のアイデンティティから成るハイブリッドな、そして、自己を変えうる柔軟な個人だ。それは、常に自己形成の過程にある人間、すなわち、いつまでも人間形成としての教養の過程にあり続ける人間にほかならない。

六　人間形成としての教養と文化との相互形成

そうした個人は、他の個人との、すなわち他者である限り必ず文化的に異なるさまざまな個人との出会いと関わり合いによって、絶えず形成され変化し続ける。それはまた、常に変化する社会および自然を経験することを通じて、絶えず形成され、変化し続ける。それはまた、さまざまな異文化を理解する試みの中で、形成され、変化し続ける。このように、個人はその外的形姿においても、内的構造においても、常に変化し続ける。こうした個人の人間形成としての教養は、アイデンティティの確立とか人格の完成という固定した目標を目指すのではない。それは、絶えざる変化の運動そのものなのだ。人間形成としての教養が運動であることは、「人間形成」あるいは「教養」という訳語のもとになったドイツ語Bildungが示唆する。というのも、すでに見たように、このドイツ語が「形成すること」という動きを表す動詞的名詞だからだ。

ハイブリッドな個人は、相互に異質なさまざまの文化的要素を抱えながら、それらのバランスを取りつつ柔軟にその形姿と構造を変える。それは、他者や社会や自然を含めた異文化との出会いと関わり合いを通じて、形成されるだけでなく、そのとき同時に、自己の相手となる他者や社会や自然をも形成する。人間形成としての教養は、各個人の自己と異文化とが相互に形成し合う運動にほかならない。教養が個人の文化であり、文化が社会の教養だというとき、他者や社会や自然を含めた異文化と個人との文化的相互作用をも含意する。

人間と文化とのこの相互形成の運動を指して、西田幾多郎（一八七〇～一九四五）晩年の著書『日本文化の問題』（一九四〇）[22]は「文化作用」と言い、その運動に「絶對矛盾的自己同一の世界の自己限定として、そこに世界が世界自身を限定する」論理を見た。ここに言う「世界」を西田は「時間的・空間的な歴史的世界」とも言い、ここに私たちは、他者や社会や自然を含めた異文化と個人としての自己とが相互に形成し合う「世界」を読み取ってもよかろう。さらに、このような意味での「異文化」と「自己」とをそれぞれ、西田が次のように記すときの「環境」と「主體」とに対応させて解釈すれば、西田の「絶對矛盾的自己同一」の論理は、二一世紀の多文化共生の論理に応用できるかもしれない。

主體が環境を環境が主體を形成すると云ふことは、絶對矛盾的自己同一として新な世界が成立する、新らしい人間が成立すると云ふことでなければならない。

多文化共生のための人間形成すなわち教養が、ハイブリッドで柔軟な個人の形成であり、そのような個人の自己と異文化とが相互に形成し合う運動だとすれば、そのための契機となる教養の糧も、従来の規範的古典とは限らないはずだ。それどころか、西洋の近代的基準で「人格の完成」を目標としていたときと同じように、誰にも必須の普遍的古典を決めようとするならば、そのこと自体が間違っていると言わざるをえない。

ポップカルチャーの時代でもある今日、各個人はそれぞれ相異なるサブカルチャーの体験を通じて、文化的にそれぞれ異なった自己を形成する。活字と概念を主たる媒体とするハイカルチャーが人間形成としての教養にとって不可欠の糧であることに変わりはないとしても、文化のメディア化が急速に進む今日にあっては、ヴィジュアルな文化体験が主導権をとるほどの勢いだ。精神を中心に据えた従来の古典的人間形成あるいは教養に対して、多様なメディアを駆使した人間形成では、その重点が、五感による感性的文化体験に移っている。西洋では昔から音楽が自由学科に数えられていたのだから、クラシック音楽と並んで、ポップミュージックが人間形成としての教養の糧となっても不思議はない。美術館に展示された古典的名画に加えて、いや、それ以上に漫画も人間形成としての教養の糧となっているはずだ。東京原宿の竹下通りは、世界のさまざまな文化圏から若者が集まるから、格好の異文化体験の場かもしれない。そこでは漫画やアニメのコスプレも、多文化共生に一役買っているだろう。

現代の人間形成としての教養の過程にあっては、感性ばかりか、身体性の果たす役割も見逃せない。スポーツによって人間は、身体的のみならず、精神的にも形成される。一流のアスリートには、単なる身体能力と運動技術だけでなく、何らかの人格の陶冶が期待されることも確かだ。食文化は近年ますます注目されている。確かに食事は、人間形成としての教養の質やそのスタイルがトータルに露わになる機会でもあるだろう。

これらの教養の糧は、その文化的ジャンルの多様性という点でも、それらが文化的にきわめて多様なルーツをもつという点でも、優れて「多文化的」だ。こうした教養の糧については、日本に限らず、西洋においても、その他の文化圏においても、現代の多くの大学で教育の題材となり、研究の対象となっている。大学の目的や理念を現代の状況に合わせて理論化するのに先立って、その現場の方が現実の要請とニーズに応えているのだ。理論は、新たに生じた現実を事後的に概念化するにすぎない。この事態を念頭にドイツ観念論の哲学者ヘーゲルは、理論の権化とも言うべき「哲学」を、夕闇が訪れてから飛び立つ「ミネルヴァの梟《ふくろう》(23)」に喩えた。現実を事後的に概念によって説明するのが、哲学であり、理論だ。

いずれにしても、二一世紀の世界の現実に基づいてここまで私たちが考えてきた人間形成としての教養のコンセプトは、「人間性への人間形成」あるいは「人間性を目指す教養」という古典的教養理念の定式を用いて言い換えるなら、「多文化共生への人間形成」あるいは「多文化共生を目指す教養」となるだろう。グローバル化した二一世紀にあっては、多文化共生を可能にする人間こそが「人間的」なのだ。それが二一世紀の「人間性」にほかならない。

七　「人間形成は人間一生の仕事[24]」

二一世紀はグローバル化した時代であるばかりでなく、日本はもとより、近代化の進行したとりわけ欧米地域では、定年を迎えたシニア世代の人口比率がますます高くなっている。こうした高齢化社会を迎えて、シニア世代が生業での現役を引退した後に暮らす年月の長さは、職業に従事していた期間に迫ると言ったら大げさであろうか。シニア世代はその長い職業生活において多くの経験を積み、それによって自己の人間形成としての教養の営みを続けてきた。とはいえ、職業生活においては、自分が従事する生業の利害関係から自由なわけでなく、そこでの人間形成としての教養も、そうした利害関係に制約される。

このような利害関係から解放されて自由な立場からものごとを評価し判断できるようになるのは、しばしば、現役を退いてからだ。その意味でシニア世代は、自己自身はもちろん、他者や社会環境を、自然環境を、そして世界全体を客観的に捉えるのに適した立場にあると言えよう。生業としての職業からの解放は、本来の意味での人間形成としての教養、すなわち自由人のための「自由学科」としての「リベラル・アーツ」を営むにあたって、またとない好条件となる。現代の人間がこうした好条件に恵まれて「自由」になれるのは、社会人となる以前の学生時代以来のことだろう。

職業に伴う利害関係から解放されることによって改めて自由になったシニアは、自己自身を含む世界を、全く新しい観点から見ることができる。それはまた、世界を新しく発見することにも繋がるにちがいない。このようなシニアが、多文化共生への人間形成としての教養に努めるならば、さらに高齢になるまで、未知の異文化あるいは全く新しい事象と出会っても、適切に対応でき、いつまでも自己自身を変え続けて行けるはずだ。したがって、教養人としてのシニアは、自分とは異なる経過で人間形成としての教養を遂げてきた異世代とも、世代間の文化的相異を活かして相互に補完し合いながら、多文化共生の実をあげられるだろう。その意味で、二一世紀にこそ改めて思い起こされねばならないのは、「人間形成はもともと人間一生の仕事」という天野貞祐の言葉だ。

獨協大学の建学の理念となった標語も、天野のこの言葉と切り離せない。「大学は学問を通じての人間形成の場である」と「人間形成はもともと人間一生の仕事」とは、天野において同じ文脈で語られているのだ。

人間形成はもともと人間一生の仕事であって、種々の方法によって行われる。スポーツ、茶道、宗教的修行、碁、将棋等々の如きはそれである。[…] しかし大学において人間をつくる道は学問でなければならない。大学は学問を通じての人間形成の場である、というべきである。(25)

「学問的努力によって人間は確かに形成される」と記す天野は、その理由を、引き続き同じ文脈で、次のように説明している。

学問はそれに没頭して努力せねばならぬ。心を統一して、それにうち込むことほど精神をねり人間をつくることはない。学問的努力によって人間は確かに形成される。意志は鍛錬される。しかもその意志は純粋でなければならない。正直でなければ学問的追求は不可能だからである。それゆえ学問的努力によって善き意志が育成される。いうまでもなく学問的努力は人間の知能を開発する。[26]

学問の営みにおける「没頭」と「努力」、「純粋」な「意志」の「鍛錬」、「純粋」ゆえに「善き意志」の「育成」、「知能」の「開発」——これらがここで天野の指摘する「学問を通じての人間形成」の具体的内容だ。これは、あのドイツ観念論哲学のヘーゲルが人間形成としての教養を「疎外」[27]として説明した一般論のパラフレーズと解釈してもよかろう。

確かに、学問的営みにおいて、私たちは自己自身の感情や利害に基づく利己的希望や欲望にとらわれることなく、先入観を排して、学問の対象となる事象を、一般的な観点から見なければならない。対象に対するそうした姿勢は、それを見る私たち主観の立場からではなく、客体である対象に即していると いう意味で、日常的にも「客観的」と言われる。それは、自己にとっての直接的な利害を無視する。それは、自己自身を排除して、疎遠なものとするから、「疎外」なのだ。その点で、ヘーゲルのドイツ語Entfremdung（エントフレムドゥング）の訳語「疎外」は、原語の意味に対応している。Entfremdungとは、「異質なものにすること」あるいは「疎遠なものにすること」だからだ。学問に「没頭する」と天野がいうとき、それは学問におけるこの「疎外」の言い換えでもある。何かに「没頭する」とき、人間は我を忘れている、すなわち、自己の主観的な利害をすべて度外視しているのだ。そのとき、私たちは利己心を捨て、その意味で「純粋」になって、「善き意志」に従う。それはまた、これまでの自己自身から離れて、新しい自己になることにほかならない。ここには、人間形成としての教養の運動がある。

とはいえ、人間が我を忘れる機会は、学問の営みに限らない。だから、先に確認したように、天野貞祐も「人間形成は［…］種々の方法によって行われる」と言うのだ。その「種々の方法」を具体的に例示して、天野は「スポーツ、茶道、宗教的修行、碁、将棋等々」を挙げていた。最後の「等々」には、「学問」のほかに、職業における日常の仕事も入るはずだ。たとえば、畑で作物をつくるとき、人間はその土地の地質や気候などに適した品種を植えねばならない。いくら、バナナが欲しくても、北の大地では、たとえばリンゴにせざるをえない。人間はバナナが欲しいという自己の欲望を捨て、自然の条件に合う作物を育てるのだ。材木を削るときは、自分の意志に反しても、その木目にそって鉋《かんな》をかけねばならない。あるいは、商品を開発するとき、自分とは違う好みの顧客の注文にも適うように、自分の好みは無視しなければならない。商談を進めるとき、自分のあらかじめの目算を変更して、相手の要望にも配慮しなければ、成功しない。会議においては、自己の主張にこだわることなく、必要に応じて、自分の意見を変えることもできなければ、最善の結論には到達しない。このように、日常の仕事においても、自己自身から離れて新しい自分に変わる機会は多く、それは人間形成としての教養の運動にはちがいない。

しかしながら、たとえば資本主義世界の職業生活にあっては、そこでの人間形成としての教養も、とりわけ経済的利害関係に制約されている。それは、学問におけるほど「純粋」ではない。もちろん、職業に従事していても、今日では誰もが多かれ少なかれ私生活の時間をもち、仕事上の利害関係から自由になって、ものごとを見て考えることは可能だ。そのとき、自分の職業における活動とその意味について、それが自分自身と他者に対して、社会と自然に対して及ぼす影響に思いをいたし、批判的・反省的に吟味することもできる。このように、職業に基づく利害関係から自由になって、他者と社会と自然を観察して考える機会は、職業に就くまでの学生時代、生業に従事する現役時代、そして、生業としての仕事から解放されたシニア時代、すなわち人間の一生を通じて与えられている。確かに「人間形成は人間一生の仕事」だ。

私たちが人間形成としての教養を「一生の仕事」とすることによって、二一世紀のグローバルな競争原理の中でともすれば物質的・経済的利害を優先する社会の変革をも視野に入れて、新たな自己と新たな社会とを形成して行けるにちがいない。それが、現実離れをしたユートピア的幻想に終わるのか、あるいは、現実的な力を発揮するのか――それは、私たち個人の教養と私たちの社会の文化の将来にかかっている。

註

1 獨協大学公式サイト「獨協大学の沿革」のうち「大学建学の理念」https://www.dokkyo.ac.jp/daigaku/a01_03_j.html (2018.02.04)

2 文部科学省『学制百年史』(帝国地方行政学会) 一九八一の第二章第四節に所収の「一　帝国大学の発足と拡充」冒頭「帝国大学令の公布」における引用による。http://www.mext.go.jp/b_menu/hakusho/html/others/detail/1317632.htm (2018.02.04)

3 慶應義塾大学公式サイト「慶應義塾について」のうち「理念」https://www.keio.ac.jp/ja/about/philosophy/（2018.02.05）

4 立教学院公式サイト「教育の理念」https://www.rikkyogakuin.jp/about/philosophy.html（2018.02.05）

5 以下『學問のすゝめ』からの引用は、『福澤諭吉全集』第三巻（岩波書店）一九五九、三〇頁による。

6 阿部次郎「十五、思想上の民族主義」（『阿部次郎全集』第一巻（角川書店）一九六〇、四二二〜四三七頁所収または阿部次郎『合本　三太郎の日記』（岩波書店）一九一八、新版（角川学芸出版）二〇〇八、四〇〇〜四一三頁所収）に「教養」という言葉が頻出し、その節の末尾（同四三七頁または四一三頁）には「大正六年五月」（一九一七年五月）の日付がある。

7 和辻哲郎「すべての芽を培え」（『中央公論』一九一七年四月号所収）

8 『天野貞祐全集』第1巻三七九〜三八六頁所収。人間形成としての教養をめぐる天野貞祐とフンボルトとの思想的関係については、本書所収の斉藤渉「道理と人格――天野貞祐の教育論における二つのアスペクト――」の特に一二九〜一三〇頁および一三五頁を参照されたい。

9 たとえば、天野貞祐『道理への意志』（一九四〇）の「大学の理念」（『天野貞祐全集』第1巻（栗田出版会）二五六〜二七二頁所収）には、フンボルトからの引用（二六三頁）のほか、大学と国家との関係についての「ヘーゲル的」（二七〇頁）立論もある。

10 天野貞祐「医家と教養――東京大学病理学教室七〇周年記念会講演――」（『天野貞祐全集』第5巻一九七〇、二五七〜二六八頁所収）二五七〜二五八頁。「心の耕作」の意味でのラテン語 cultura の使用がキケロに始まることについては、本書所収のロルフ・エルバーフェルト「文化と形成――キケロから西田幾多郎にいたる文化概念の変遷――」六九〜七〇頁および高橋輝暁の付論Ⅰ「文化、学問、教養、人間形成――四概念の関係を概念史的に繙く――」一九一〜一九三頁を参照されたい。

11 阿部次郎「十五、思想上の民族主義」（『阿部次郎全集』第一巻、四二二〜四三七頁所収または阿部次郎『合本　三太郎の日記』新版、四〇〇〜四一三頁所収）四三〇頁または四〇七頁。

12　天野貞祐「私の大学像」（『天野貞祐全集』第5巻一九七一、九九～一一〇頁所収）一〇六頁。天野の言う「倫理的文化的な教育協同体」としての大学について詳しくは、本書所収の松丸壽雄「獨協大学創立者天野貞祐と教養教育」の特に一一七～一一九頁を参照。

13　「国際教養学部」の趣旨については、本書所収の浅山佳郎「獨協大学外国語学部における教養教育」一五六頁を参照。

14　本書所収のゾルターン・センディ「ハンガリーにおけるドイツの教養理念の受容と展開」（特に三八頁以下）およびエーヴァルト・ロイター「フィンランドにおける教養理念と新大学法」（特に六二頁以下）を参照。

15　本書所収のティルマン・ボルシェ「人間形成としての教養――豊かな伝統をもつ将来的課題」（二四～二五頁）を参照。

16　Huntington, Samuel P.: *The Clash of Civilizations and the Remaking of World Order*. New York 1996.／サミュエル・ハンチントン（鈴木主税訳）『文明の衝突』（集英社）一九九八を参照。

17　天野貞祐「医家と教養――東京大学病理学教室七〇周年記念会講演――」（『天野貞祐全集』第5巻二五七～二六八頁所収）二五九頁。

18　天野貞祐、同上。本章とは異なる観点から天野貞祐の「中庸」概念を解釈する試みについては、本書所収の松丸壽雄「獨協大学創立者天野貞祐と教養教育」一〇五～一〇七頁を参照されたい。

19　天野貞祐、同上。

20　天野貞祐、同上。

21　天野貞祐、同上。

22　以下の西田からの引用はすべて、西田幾多郎『日本文化の問題』（『西田幾多郎全集』第一二巻、二七五～三九四頁所収）三二九頁による。この箇所の解釈については、本書所収のロルフ・エルバーフェルト「文化と形成――キケロから西田幾多郎にいたる文化概念の変遷――」八八頁以下を参照。本書所収の松丸壽雄「獨協大学創立者天野貞祐と教養教育」（一〇二～一〇三頁）は「自然（世界）」が創造の主体となり、同時に人間もその同じ創造の主体になる。そして自然（世界）と人間の相互の働き合い、より正確には、自然（世界）と人間とが共に同時に主体となって創造的に働くという」天野貞祐の「見方」を説明して、そこに天野に対する後期西田哲学の影響を指摘する。

23 Hegel, Georg Wilhelm Friedrich: *Grundlinien der Philosophie des Rechts oder Naturrecht und Staatswissenschaft im Grundrisse.* In: G.W.F. Hegel: *Werke* 7 (Theorie Werkausgabe), Frankfurt am Main 1970. S. 28.

24 天野貞祐「わたしの大学像」〔『天野貞祐全集』第5巻九九～一一〇頁所収〕一〇三頁。

25 天野貞祐、同上。

26 天野貞祐、同上。

27 Hegel, Georg Wilhelm Friedrich: *Phänomenologie des Geistes*, hg. v. Johannes Hoffmeister, 6. Aufl., Hamburg 1952. Bes. S. 351. 人間形成としての教養における「疎外」については、本書所収のティルマン・ボルシェ「人間形成としての教養――豊かな伝統をもつ将来的課題」（二六～二七頁および三〇～三一頁）を参照。

付論Ⅰ
文化、学問、教養、人間形成——四概念の関係を概念史的に繙く——

高橋輝暁

「大学は学問を通じての人間形成の場である」[1]——獨協大学の建学理念とされるこの言葉は、正門内の石碑にも刻まれている。獨協大学の創設者天野貞祐（一八八四～一九八〇）のこの言葉は、その歴史的由来を探ってみると、ここに明記された「人間形成」と「学問」というふたつの概念が、「文化」と「教養」というさらなるふたつの概念とも共通の源泉にたどり着く。そこで、これら四概念の関係を、その意味の歴史を繙くことによって、概念史的に解明してみよう。

一　文化

「文化」とは、諸橋轍次の『大漢和辞典』によれば、もともと「刑罰威力を用ひないで人民を教化すること」、すなわち「文治教化」だ。[2]「文治」は、武力によって人びとを従わせる「武断」ではなく、人びとを心服させることによって世を治める。[3]そのためには、学問や法制を整備し、人びとの徳を高めなければならない。「をしへ導いて感化すること」が「教化」にほかならない[4]。儒教の教典『礼記』によると、古代中国の周王朝の始祖ともされる文王（紀元前一一世紀）の統治がそれだったと言う[5]。いずれにしても、「文化」は、人間の営みの産物を指す前に、「文治教化」という人間の営みそのものなのだ。

さらに、「文化」という言葉を構成する漢字の「化」に着目すると、それは事物を指すのではなく「変わる」「変える」という動詞としての意味をもつ。しかも、中国最古の字書『説文解字』（西暦一〇〇年頃）は、漢字の「化」を「教へ行はるるなり」と説明しており、それは「教え導いて道に従わせる」の意味にも通じるらしい[6]。これらを考え合わせると、「文化」とは粗野な人間を、「文」を教えることによって、「道」に従う人間へと「変える」ことだとも解釈できそうだ。

この「文化」という漢語が日本では、一九世紀半ば以来の西洋化の過程で、英語の「カルチャー」（culture）、フランス語の「キュルテュール」（culture）、ドイツ語の「クルトゥーア」（Kultur）の訳語となる。語源的に見ると、これらの西洋語はラテン語「クルトゥーラ」（cultura）に由来し、それは、漢語の「文化」と同じく、人間の営みの産物を指す以前に、営みそのものを意味する。たとえば、英語で「農業」のことを「アグリカルチャー」（agriculture）と言う。「アグリ（ー）」とはラテン語で「土地の」「耕地の」を意味するから、「アグリ=クルトゥーラ」（agri-cultura）は、「土地の耕作」すなわち「土地を耕すこと」にほかならない。そのような意味になるのは、「クルトゥーラ」が「産物」ではなく、「耕作」という人間の営みを指しているからだ。

それがさらに人間社会の営みの産物をも意味するようになると、現代日本語で一般にいう「文化」の概念にほぼ一致する。現代の標準日本語の指針とされる国語辞典『広辞苑』は、ラテン語「クルトゥーラ」に由来する西洋語の訳語となった「文化」を説明して、「人間が自然に手を加えて形成してきた物心両面の成果。衣食住をはじめ科学・技術・学問・芸術・道徳・宗教・政治など生活形成の様式と内容を含む」[7]と記す。ここには「物心両面」とあるから、「クルトゥーラ」を受け継ぐ日本語の「文化」には、人間の物質的営みとその成果だけでなく、「心」に関わる精神的営みとその成果も含まれるわけだ。

古代ローマの思想家キケロ（Marcus Tullius Cicero, 106 BC–43 BC）は、「耕作」つまり「田畑を耕して作物を栽培する」という物質的・身体的な意味で使われていたこのラテン語を比喩的意味に転用して、人間の「心の耕作」すなわち「クルトゥーラ・アニミー」（cultura animi）と言った。すでにラテン語の段階で「文化」は「物心両面」に関係していたと言える。したがって、人間の営みそのものであるという点に加えて、人間の「心」に作用する営みという点でも、キケロの言う「心の耕作」は、中国古来の「文治教化」に通じるところがあるようだ。では、何が「心」に働きかけるのか。「文治教化」において「心」を「教化」して人間の徳を高めるのは「文」だ。それでは、キケロの言う「心の耕作」では、何が「心」を「耕作」するのだろうか。

二　学問

そもそも、キケロが「心の耕作」という概念を導入したのは、古典ギリシアから古代ローマに受け継がれた「学問」としての「哲学」すなわち「フィロソフィア」（philosophia）を定義するためだった。[8]「心の耕作」を「哲学」すなわち「学問」と考えたキケロは、人間を人間たらしめる精神的規範、つまり道徳倫理と人間的振る舞いとを指して「フーマーニタース」（humanitas）と称した。このラテン語は英語の「ヒューマニティ」（humanity）、フランス語の「ユマニテ」（humanité）、ドイツ語の「フマニテート」（Humanität）として今日に受け継がれ、それらは「人間性」と和訳される。そして、野生的人間の「心」を「耕作」して「人間らしさ」を身につけさせるのが、キケロの言う「人間性の学問」（studia humanitatis）で、古典ギリシアから受け継がれた「哲学」だ。

この「学問」は、古代ローマから中世にわたって、言語に関わる三学科（文法学、修辞学、論理学）と精神を形成する数学的四学科（算術、幾何学、天文学、音楽）の七学科から成り、ラテン語で「アルテース・リーベラーレース」（artes liberales）すなわち「自由学科」として継承された。そのとき、神に関する「神学」を頂点に、その下に「法学」と「医学」が併置され、自由学科は「哲学」として最下位に位置づけられる。上位三学科を学ぶための予備学だったとはいえ、「法学」と「医学」が実用的なのに対して、精神を形成する「自由学科」は、とりわけドイツで、「哲学部」に引き継がれて近代になると飛躍的に発展する。一九世紀にいたって「哲学部」から自然科学が、やがて社会科学も分化した。その結果、今日では「哲学部」といえば、もっぱら人文系の学問で組織され、それを日本では「文学部」と称する。だから、西洋では現在でも「哲学博士」（英語でPhD）というと、人文系ばかりでなく、法学と医学とを除いて、しばしば、社会科学系や自然科学系をも含む。現代の英語圏では、「自由学科」のラテン語「アルテース・リーベラーレース」（artes liberales）の語順を逆転した英語「リベラル・アーツ」（liberal arts）と言えば、人文的学問の総称だ。それは、人文的学問が、キケロの言う「心の耕作」としての「文化」の営みであるとの伝統に基づく。(9)

したがって、「文治教化」の「文」に対応する役割を西洋において担うのは、「人間性の学問」または「自由学科」に由来する「学問」だ。「文治教化」の「文」は、「学問」をも意味するから、ここにも「文化」と「クルトゥーラ」との共通項が見えてくる。「文化」という訳語はまことに言い得て妙、原語との対応関係には刮目せざるをえない。[10]

三　教養

「学問」を通じての「心の耕作」、すなわち「学問」を通じて自然状態にある人間を人間らしくするという「クルトゥーラ」の概念を、一八世紀後半にドイツ語化したのが「ビルドゥング」(Bildung) という言葉だ。「ビルドゥング」とは英語の「ビルディング」(building) と語源を同じくすることからも分かるように、「形づくること」を意味する。英語が「形づくること」から生じた物質的な「もの」、すなわち「建物」を指すようになったのに対して、ドイツ語では人間の内面的「形成」を意味し、「心の耕作」としての「文化」の動詞的性格も保持した。

このドイツ語は大正時代に「教養」と和訳される。藤堂明保編『学研漢和大字典』は、「教養」を説明して、「未熟な者を教え育てる」という意味とともに、五世紀に成った『後漢書』からの用例として「修整閨門、教養子孫＝閨門を修整し、子孫を教養す」を掲載している。[11]「教養」は、『後漢書』の文脈でも「教え育てる」ことなのだから、「心の耕作」あるいは人間の内面的「形成」を意味するドイツ語「ビルドゥング」との対応関係は明白だ。そうだとすれば、「教養」という訳語は、漢籍とは無関係にドイツ語

「ビルドゥング」の和訳として生まれた新造語ではなく、漢籍に由来するのかもしれない。いずれにしても、ドイツ語「ビルドゥング」の和訳として「教養」が登場するのは、二〇世紀の初頭の一九一七(大正六)年頃、阿部次郎[12](一八八三〜一九五九)あるいは和辻哲郎[13](一八八九〜一九六〇)あたりからだ。そのとき、「教養」はいわゆる大正教養主義の基調をなす理念となる。以後、旧制の高等学校は、教養主義の牙城となって、「教養」の理念を戦後の新制大学の教養部に引き継ぐ。その教養部の「一般教育課程」はしばしば「一般教養課程」あるいは単に「教養課程」とも言われ、「教養」という言葉は、さまざまな問題をはらみつつ、現在まで使われ続けてきた。

四 人間形成

「教養」は、その原語のドイツ語「ビルドゥング」が動詞的名詞なのだから、「専門を超えた幅広い知識」などではなく、自己の「心」を「教え養う」という動詞的意味なのだ。阿部次郎も、戦前の旧制高校生の誰もが手にした自著『合本　三太郎の日記』(一九一八)で「教養」という訳語を導入したとき、明らかにその動詞的意味を念頭に置いていた。というのも、そこでは、名詞形の「教養」と並んで、「教養する」という動詞形も用いられているからだ。[14]この点で注目すべきは、「教養」という言葉が、あの『後漢書』でも「教養す」という動詞的意味で用いられていたことだ。

その「教養」を、獲得された「知識」と混同されないように、天野貞祐は「人間形成」と言い換えたのだろう。だから天野貞祐の言う「人間形成」とは、「教養すること」すなわち「心の耕作」だ。それは、

「学問」すなわち「文」によって促される「心」の「文化」にほかならない。したがって、概念史的に見れば、東洋的意味でも西洋的意味でも、天野貞祐が獨協大学創設の理念を語った「わたしの大学像」に言うように、確かに「大学は学問を通じての人間形成の場である」。

とはいえ、「人間形成」としての「教養」と「文化」とが目指す人間の「心」、すなわち「人間らしさ」とは、どのようなことだろうか。それを西洋では「人間性」と言う。それは、ラテン語でいうあの「フマーニタース」とその近代西洋語における派生語の意味するところだ。それに対応する概念を東洋に求めれば、「道徳」だろうか。「道徳」とは、「人のふみ行う道」[15]だから、「人」としての「道」に従う「徳」と言ってもよい。いずれにしても、何が「人間的」か、何が「道徳的」か――それは、人によって、それぞれの社会によって、また時代によって異なる。だから、「人間性」とは何かについては、不断に考え、議論していく必要があるのだ。そうした議論は、個別の専門家が良くするわけではなく、人間であろうとする限り誰もが続けて行くべき「人間形成」としての「教養」であり、社会の「文化」の営みにほかならない。この意味でも、天野貞祐の言う通り、「人間形成はもともと人間一生の仕事[16]」なのだろう[17]。

註

1 天野貞祐「わたしの大学像」(『天野貞祐全集』第5巻(栗田出版会)一九七〇、九九〜一一〇頁所収)一〇三頁。
2 諸橋轍次『大漢和辞典』巻五(大修館書店)一九五七、修訂第二版第二刷一九九一、五六九頁所収の項目「文化」を参照。

3　同上、五八九頁所収の項目「文治」を参照。
4　同上、五〇三頁所収の項目「教化」を参照。
5　同上、五八九頁所収の項目「文治」を参照。
6　諸橋轍次『大漢和辞典』巻二（大修館書店）一九五六、修訂第二版第二刷一九九一、四三六～四三七頁所収の項目「化」および白川静『字通』（平凡社）一九九六、一〇二頁の項目「化」を参照。
7　新村出編『広辞苑』第六版（岩波書店）二〇〇八の項目「文化」参照。
8　Vgl. Perpeet, W.: *Kultur, Kulturphilosophie*. In: *Historisches Wörterbuch der Philosophie*, Bd. 4, Basel 1976. Sp. 1309–1324. Hier Sp. 1309.
9　Vgl. Rieks, R.: Humanitas. In: *Historisches Wörterbuch der Philosophie*, Bd. 3, Basel 1974. Sp. 1231f. Hier Sp. 1231.
10　諸橋轍次『大漢和辞典』巻五、一九五七、修訂第二版第二刷一九九一、五六〇～五六一頁所収の項目「文」のうち十四番（四五六一頁）を参照。
11　藤堂明保編『学研漢和大字典』（学習研究社）一九七八、五六八頁の項目「教養」を参照。
12　阿部次郎「十五、思想上の民族主義」〔『阿部次郎全集』第一巻（角川書店）一九六〇、四二二～四三七頁所収または阿部次郎『合本　三太郎の日記』（岩波書店）一九一八、新版（角川学芸出版）二〇〇八、四〇〇～四一三頁所収〕に「教養」という言葉が頻出し、その節の末尾（四三七頁または四一三頁）には「大正六年五月」（一九一七年五月）の日付がある。
13　和辻哲郎「すべての芽を培え」〔『中央公論』一九一七年四月号所収〕
14　阿部次郎「十五、思想上の民族主義」〔『阿部次郎全集』第一巻、四二二～四三七頁所収または阿部次郎『合本　三太郎の日記』新版（角川学芸出版）二〇〇八、四〇〇～四一三頁所収〕四三〇頁または四〇七頁。
15　『広辞苑』第六版の項目「道徳」。
16　天野貞祐「わたしの大学像」〔『天野貞祐全集』第5巻九九～一一〇頁所収〕一〇三頁。
17　本論は高橋輝暁「『学問を通じての人間形成』の由来を考える」〔獨協大学総合企画部編『獨協大学報』二〇一六年度第三三号（二〇一七）五六～五八頁所収〕に基づく改稿版で、とりわけ本書所収の第八章「これまでの、そして、これからの人間形成としての教養――グローバル化と多文化共生の時代のために――」と内容的に重複する箇所が若干ある。それらも、文脈の違いから、むしろ、両者が補完し合うことを考えて、残してある。

付論Ⅱ

獨協大学とドイツ

――獨逸学協会の歴史から繙く――

高橋輝暁

「ドッキョウのドは、ドイツのド」――このキャッチフレーズからも分かるように、獨協大学はドイツと深い繋がりをもつ。その源は獨協大学を生んだ母体である獨協学園の歴史に、さらにはその前史というべき獨逸《どいつ》学協会と獨逸学協会学校の歴史にある。したがって、獨協大学の建学の理念が、人間形成としての教養というドイツ的理念に基づくのも、獨協大学が誕生する以前の歴史的経緯と無縁ではない。ここでは、獨協大学とドイツとの関係について理解するために、その起源、すなわち獨逸学協会の発足にまでさかのぼるとともに、その現状を把握し、将来の可能性を展望するよすがとしてみよう。

一　獨逸学協会と獨逸学協会学校

獨協大学が東京都足立区の北に接する草加市で開学したのは、半世紀前の一九六四年四月だ。しかし、その設立母体となった獨協学園の歴史はもっと長い。その前身の獨逸学協会が東京に設立されたのは、一八八一（明治一四）年九月だからだ。明治初期にあって、「西欧の文明文化との積極的交流を図る」との目的でそこに集まったのは、いわばドイツ派の政治家や官僚、軍人、学者たちで、「獨逸学」によって、すなわちドイツの学問を通じて、日本の近代化を推進しようと考えていた。イギリスやフランスと異なり、中部ヨーロッパのドイツ語圏は、一九世紀後半になっても統一国家を形成できず、西ヨーロッパに比べると、近代化の後発国だった。ところが、プロイセンが一八七〇年から一八七一年にかけての普仏戦争でフランスに勝利すると、プロイセン中心の統一国家として立憲君主制のドイツ帝国が誕生する。丁度この時期のプロイセンに留学あるいは遊学していたのが、獨逸学協会設立の中心人物たちだった。

たとえば、獨逸学協会の初代総裁となった北白川宮能久《きたしらかわのみやよしひさ》親王（一八四七～一八九五）が、留学のためにプロイセンに渡ったのは一八七〇年で、それから八年間にわたって陸軍大学校に学んでいる。また、獨逸学協会委員長を務めた品川彌二郎《しながわやじろう》（一八四三～一九〇〇）は、一八七〇年にイギリスへと渡り、普仏戦争をまのあたりにするとともに、イギリス、フランス、ドイツに遊学して、一八七五年に帰国した。品川はその後も一八八五年から一八八七年まで、駐ドイツ全権公使としてドイツ帝国に滞在経験をもった。

この獨逸学協会により一八八三年に「獨逸学士養成」を目的とする獨逸学協会学校が設立される。ドイツ語を教授し、ドイツの学問を学ぶ若い世代を育成、独逸学によって日本の近代化を推進しようというのだ。その初代校長には西周《にしあまね》（一八二九～一八九七）が指名された。参議の山縣有朋《やまがたありとも》（一八三八～一九二二）のブレーンとして西は、獨逸学協会学校の設立直前に「変則独乙《どいつ》学校を設くる之義」を山縣の名で起草して、議会制が進んだイギリスに範を求める英学に対して、帝国日本にはドイツの立憲君主制が望ましく、そのためには「変則獨逸学」を学ぶべきだと論じている。明治維新の激動を経て、近代化のモデルをプロイセンとその後のドイツ帝国に求めた明治政府の方針を、教育と人材育成において支えるのが、獨逸学協会学校の役割だったのだ。

幕末の一八六二年から一八六五年までオランダに留学した西周は、明六社に参画して明治啓蒙を担い、西洋の学術用語の日本語訳を数多く考案し、それらはドイツの学問を受容する下地ともなった。とりわけ有名なのは、「フィロソフィー」(philosophy)を「希哲学」と和訳、それが後に「哲学」となって今日まで広く使われていることだ。また、一八七〇年に開設した家塾「育英舎」で西は、知育、体育、徳育の理念を掲げる。この三育による全人教育の思想は、西によって獨逸学協会学校にも導入され、現在まで続く伝統となった。

一八八七年に西周の後を継いだ第二代校長は、桂太郎《かつらたろう》(一八四八〜一九一三)だ。桂は、一八七〇年から一八七三年までプロイセンに留学した後、一八七五年から一八七九年まで、駐ベルリン日本公使館付武官としてドイツに滞在、帰国後は、陸軍大臣、内務大臣、総理大臣などの要職についた。いわゆるドイツ文字のDをデザインした記章を獨逸学協会学校に導入したのは桂で、これはデザインを変えつつ、今日の獨協大学の校章にも受け継がれている。Dは「ドイツ語」あるいは「ドイツ的」を意味するドイツ語deutsch(ドイチュ)の、また「ドイツ国」を表すドイツ語Deutschland(ドイチュラント)の頭文字だから、「獨協のDはドイツのD」というキャッチフレーズもできそうだ。

軍人政治家の桂太郎の後任として一八九〇年に獨逸学協会学校校

1999年から使用の
獨協大学の校章

長となった加藤弘之《かとうひろゆき》（一八三六〜一九一六）は、獨逸学協会設立の主唱者のひとりだった。幕末の一八六〇年にプロイセンのオイレンブルク伯爵（Philipp Friedrich Alexander Graf zu Eulenburg, 1847–1921）に率いられたドイツ艦隊が通商を求めて来航したとき、蘭学者として蕃書調所教授手伝だった加藤は、ドイツ艦隊が江戸湾に到着する二日前にドイツ語を習得するよう幕命を受け、上司の市川斎宮《いちかわいつき》（一八一八〜一八九九）とともに、近代日本人として初めてドイツ語を学んだ。(1)

当初は明六社に参加し「天賦人権説」を広めた加藤は、それを否定する『人権新説』を一八八二年に公刊して、高まる自由民権運動に対抗した。それが獨逸学協会設立の時期と重なる。すでに明六社時代から、自由民権運動の端緒となった板垣退助らの「民撰議院設立建白書」に対して、時期尚早論を唱えていた加藤は、イギリス的議会主義ではなく、当時のドイツ帝国のビスマルク（Otto von Bismarck, 1815–1898）的立憲君主制に日本の将来の国家像に相通じる政体を見ていたのかもしれない。いずれにしても、加藤はヨーロッパの立憲君主制との違いも指摘しつつ、自説をドイツ語の著書（*Der Kampf ums Recht des Stärkern und seine Entwicklung*）として、一八九〇年にベルリンで刊行している。

二　獨逸学協会学校の確立

ドイツ語執筆に抜群の能力を発揮したのは、加藤弘之の校長就任から二ヶ月後に獨逸学協会学校教員になった大村仁太郎《おおむらじんたろう》（一八六三〜一九〇七）だ。「ドイツ語の秀才」と評される大村は、一八八二年に若干一九歳で獨逸学協会員となり、獨逸学協会学校の組織化に腐心してきていた。この間、一八八二年にはドイツ語の重要性を論じた上申書草案を書き、ドイツ語を第一語学とする文部大臣宛上申書を起草するなど、ドイツ語の地位向上に努めてもいる。さらに一八九八年には中等教育におけるドイツ語採用の軽視を批判して加藤校長が文部大臣に上申した。その草案を作成したのも大村だった。加藤校長のもとで獨逸学協会学校のカリキュラムの整備から図書館の蔵書目録作成まで、大村は学校の実務を一手に引き受けた。一八九三年から加藤校長の代理も務め、一九〇三年、校長に就任する。大村は獨逸学協会学校の当初からその確立に向けて尽力していたのだ。

一八九四年に大村仁太郎は、同僚の山口小太郎《やまぐちこたろう》（一八六七～一九一七）および谷口秀太郎《たにぐちひでたろう》（一八六三～一九三七）とともに『獨逸文法教科書』を一八九四年に出版した。これは、大正を経て昭和にいたるまで七〇刷以上、数十万部が刊行され、「三太郎文法」の名でドイツ語を学ぶ日本全国の学生に親しまれたことは、長らくドイツ語界の語りぐさとなっている。大村を主筆とする月刊誌『獨逸語学雑誌』（ドイツ語名 *Zeitschrift für deutsche Sprache*）が発刊されたのは一八九八年で、一九三四年までドイツ語を学ぶ学生たちに、ドイツ語とドイツ文化に関する知識を伝え続けた。ここに大村が執筆したドイツ語の文章をみると、滞独経験がないにもかかわらず、大村が「ドイツ語の秀才」と言われたことも頷ける。

その大村仁太郎が渡独の機会を得たのは、一九〇一年になってからだ。ドイツ語の教授として兼務していた学習院から二年間の予定でドイツに派遣されると、大村は精力的に日独の文化交流に努め、ドイツの中等教育機関のギムナジウムを視察する。一九〇二年にはドイツ皇帝ヴィルヘルム二世に謁見して、獨逸学協会学校のために図書や実験器具の寄贈も受けた。一九〇三年に帰国した大村のもとで、獨逸学協会学校はその最盛期を迎えることになる。

大村は西周以来の伝統となった知育、徳育、体育の三育による全人教育を推進し、課外の文化活動やスポーツを奨励した。ゲーテ（Johann Wolfgang Goethe, 1749–1832）とあわせて近代ドイツの古典詩人の両雄とされるシラー（Friedrich Schiller, 1759–1805）の没後百年を迎えて、詩人の命日の一九〇五年五月九日には、獨逸学協会学校をあげての記念式典が挙行されている。ドイツ語とドイツ文化への傾倒ぶりを伝えるエピソードというべきだろう。

大村仁太郎が急死した翌年の一九〇八年に、獨逸学協会学校は創立二五周年の節目の年を迎える。その記念祝典に招かれた駐日ドイツ大使の祝辞を受けて、生徒代表がドイツ語で答辞を述べると、大使は感激あまり生徒の手を握って涙を流したと伝えられている。このエピソードは、獨逸学協会学校が、日本とドイツとの間の交流を担う懸け橋として、ドイツ側からも重視されていた証左にほかならない。別の見方をすれば、獨逸学協会学校は、ドイツに範を取った日本の近代化ばかりでなく、ドイツの対日政策にかかわる役割をも果たすようになっていたのだろう。

三　厳しい時代の獨逸学協会学校とその後継学校への再編

日本は日英同盟に基づいて第一次世界大戦に参戦し、東アジアにおけるドイツ帝国の拠点だった中国の青島（チンタオ）をイギリス軍とともに包囲して、陥落させる。一九一四年のことだ。捕虜になったドイツ兵が、日本のいくつかの捕虜収容所、たとえば、四国の板東、九州の久留米、あるいは関東の習志野で地元の日本人と交流し、あるいは解放後も日本にとどまってドイツ文化を伝えたことは、日独友好のエピソードとなっている。とはいえ、ドイツとの戦いに勝った日本では、若い世代のドイツ語離れが生じたようで、一〇年後の一九二四年に獨逸学協会学校は、十分な生徒数を確保するために、英語科を設置した。そのような事情もあってか、獨逸学協会学校は、一九二六年にドイツ政府と交渉して、ドイツ人教員にかかる費用の援助を定期的に受けられるようになる。この頃になるとすでに、獨逸学協会創立の有力者たちは、次々と鬼籍に入っていた。

やがて、獨逸学協会学校の卒業生で、高級司法官僚として大審院検事総長から司法大臣にまで出世した小山松吉《こやままつきち》（一八六九〜一九四八）が、一九三六年に獨逸学協会学校の校長に就任、一九三八年からは獨逸学協会理事長を兼ねることになった。司法の実力者として左翼弾圧により名を馳せていた小山は、その校長職が名義的にすぎなかったとは言え、あるいは、まさにそれゆえにこそ、獨協の顔として、獨逸学協会とその学校の世間的イメージを固定したと言われる。一九三七年には日本に寄港したナチス・ドイツの巡洋艦エムデンの水兵たちを歓迎して、獨逸学協会学校の生徒たちは、ハーケンクロイツの旗を振り、また、一九三八年のヒトラー・ユーゲント来日にあっては、獨逸学協会学校に招いて大歓迎をしている。当時、ヒトラー・ユーゲントが日本のどこでも歓呼をもって迎えられたとはいえ、獨協が突出していたことは想像に難くない。ドイツ文化の移入に深入りしていた獨逸学協会と獨逸学協会学校は、ドイツがナチスのファシズムに支配されるのに呼応するかのように進行する日本ファシズムと軍国主義の台頭に対して、それに追随し、あるいは、それを後押しすることはあっても、抵抗する力はなかったのかもしれない。

一九四五年にドイツと日本の敗北をもって第二次世界大戦が終戦を迎えると、まもなく小山松吉は辞任する。しかし、獨逸学協会学校は、それまでに形成された世間的評判やナチス・ドイツの悪評のためもあって、応募する生徒は激減した。アメリカ進駐軍の占領下で強制的な閉校も危惧された中、幸いにも、獨逸学協会を学校法人獨協学園に改名する申請が認められ、また、獨逸学協会学校を獨協中学校・高等学校に改組する認可も下りる。こうして、民主主義と平和教育を目的とした戦後の再出発が可能となった。しかし、それには徹底した改革が必要で、新生の学園も学校も混乱を極めて、存亡の危機に直面する。

四　獨協中学・高等学校の復活と再生

この危機的状況から獨協中学校・高等学校を救うべく、天野貞祐《あまのていゆう》（一八八四〜一九八〇）に白羽の矢が立った（写真1）。[2] 天野は、大村仁太郎が校長代理、そして校長の任にあった時代に獨逸学協会学校で学び、旧制第一高等学校を経て京都帝国大学哲学科に入学、とりわけカント（Immanuel Kant, 1724–1804）の哲学を研究した。カントの『純粋理性批判』を初めて日本語に完訳した天野は、京都帝国大学教授時代の一九三七年に刊行の主著『道理の感覚』に見られるように、日本ファシズムの教育政策を批判して、一九三〇年代から終戦まで体制からの批判的距離を保つ。戦後になると天野は、吉田茂（一八七八〜一九六七）内閣の文部大臣をはじめ、戦後の教育制度の構築に関わる要職を務めた。

ファシズム体制に批判的だった獨協関係者として天野が獨協中学校・高等学校の校長に迎えられたのは、一九五二年だった。そこで天野が力を入れたのは、知育、徳育、体育の三育による全人教育の伝統

写真 1　獨協大学創立者　天野貞祐（1952 年頃）

を継承して、獨協関係者の間で「天野イズム」として知られる教育理念の実現にほかならない。それは東洋の伝統的理念を活かしながらも、ドイツの観念論哲学に多くを負う。

徳育の一環として、天野は毎週火曜日の朝礼で生徒たちを前に講話を欠かさず、また、体育ではスポーツの奨励にも力を注いだ。ドイツ・スポーツ少年団（Deutsche Sportjugend）が一九五六年に来日した折りには、その歓迎式典に三〇〇名の獨協生を参加させ、そのひとりが日本の少年たちを代表して歓迎の辞をドイツ語で述べた。その後も毎年のように来日するドイツ・スポーツ少年団には、通訳を兼ねて、現在でも獨協大生が付き添っている。また、知育の面でも、戦前の獨逸学協会学校の遺産として、中学校から英語に優先してドイツ語を第一外国語で学べるカリキュラムが用意され、それを天野は獨協教育の特色とした。[3]

在日ドイツ連邦共和国（西ドイツ）大使館も、一九五六年にドイツ政府からの寄付金をもって、天野による獨協再生を支援した。獨協におけるさまざまな祝典では、ドイツ大使が祝辞を述べることも恒例となって、今日まで続いている。一九五五年にはドイツの文化と学問を日本に普及した功績をもって、天野をはじめとする獨協学園幹部にドイツ政府から勲章が授与されたこと、一九六〇年に九名の獨協生が付き添いの教員一名とともに、当時のドイツ連邦共和国首相コンラート・アデナウアー（Konrad Adenauer, 1876–1967）の招待を受けて、七週間にわたってドイツでギムナジウムの生徒たちと交流したこと――これら戦後のドイツ連邦共和国との新しい絆において、戦前からの、とりわけ大村仁太郎によって築かれた遺産が、戦後の新しい関係として再生したと言ってもよいだろう。

五　獨協大学の創設とその後の発展

一九六二年に獨協学園は、獨逸学協会設立から数えて創設八〇周年記念を迎えた。これを機に大学設立を期待する声が獨協関係者の間で高まり、天野貞祐が「生涯最後の、そして決定的な賭（かけ）」[4]に踏み切ることになる。そのとき天野の抱いていた新大学構想の理念こそ、現在まで獨協大学の「建学の理念」とされている次の言葉だ。

大学は学問を通じての人間形成の場である[5]

獨協大学正門内の石碑（写真2）にも刻まれているこの言葉は、天野の理念がドイツに由来することを如実に示している。ここで言う「人間形成」とは「教養」とも和訳されるドイツ語の「ビルドゥング」(Bildung) にほかならない[6]。カント学者の天野貞祐は、ドイツ観念論のフィヒテ (Johann Gortlieb Fichte, 1762–1814)、シェリング (Friedrich Wilhelm Joseph Schelling, 1775–1854)、ヘーゲル (Georg Wilhelm Friedrich

写真２　建学の理念を刻んだ建学の碑

Hegel, 1770–1831)、そして人間形成としての教養の理念をベルリン大学の創設に活かそうとしたヴィルヘルム・フォン・フンボルト（Wilhelm von Humboldt, 1767–1835）を論じる哲学者でもある。その天野の理念は、東洋の、とりわけ儒教的学問の伝統を活かしながらも、近代ドイツの哲学に基づいて形成されたと言ってよかろう。西周の「変則獨逸学」をもじって言うならば、それは「変則獨逸哲学」、すなわち日本の状況に適合すべくアレンジされたドイツ哲学なのだ。そして、それは天野貞祐が獨逸学協会学校でドイツ語を学び、京都大学でドイツの学問の、すなわち「獨逸学」の要としてのドイツ哲学を学んだ成果にほかならない。

創立から一九九〇年代までにおける獨協大学とドイツ連邦共和国との関係は、戦前からの遺産の継承と大学創立にあたっての理念における繋がりが中心だったと言えるかもしれない。理念の実現は、実際のカリキュラムや学内の制度の運用による日常的営みに委ねられるのは当然だろう。創立時から外国語学部に設置されているドイツ語学科は、その規模、たとえば、学生の収容定員数だけをみても、ドイツ語関係の学士課程として、全国のトップにあり、突出している。大学生のための天野杯ドイツ語弁論大会は獨協大学草創期から、高校生のためのドイツ語講座や全国高校生スピーチコンテストなどは、二〇年余り前から継続して、ドイツとドイツ語への興味の喚起に直結する活動だ。これらは、獨逸学協会の趣旨を現代に相応しく受け継ぐ獨協大学の面目躍如と言ってよい。

日常の営みにおけるドイツとの繋がりについては、二一世紀になって新たな可能性も開けてきた。ここ一〇年来、獨協大学が力を入れている環境教育と環境に優しいキャンパスづくりには、大学を教員と職員と学生の三者から成る「倫理的文化的な教育協同体」（本書一一七〜一一九頁および一六六頁を参照）とする天野貞祐の思想が二一世紀に活かされている。ところが、このプロジェクトはまた、大いにドイツの共感を呼ぶはずなのだ。というのも、一九八〇年代に「森が死ぬ」と言われたほど大気汚染に悩まされたドイツが、それ以来、環境問題に対する取り組みを強化し、一時は、そのゴミ分別の徹底ぶりに、素人ではゴミの捨て方がわからないといわれたほど、環境意識を高めているからにほかならない。

そういう獨協大学であればこそ、ドイツ語圏にパートナーの大学を見つけることもできるのだろう。注目すべきは、早くも一九八四年に国際交流センターを設置すると同時に、ドイツ連邦共和国のデュースブルク大学（現デュースブルク＝エッセン大学）と学術交流協定を結んでいることだ。ドイツ語圏の大学との交流協定は、世界のグローバル化とともに国際化の波が強まった二一世紀になると、一気に加速する。ドイツ連邦共和国からはミュンスター大学（二〇〇四）、マールブルク大学（二〇〇五）、ブレーメン専門単科大学（二〇〇六）、ハレ＝ヴィッテンベルク大学（二〇一一）、ハイデルベルク大学（二〇一一）、ベルリン自由大学（二〇一三）が、そしてオーストリアとスイスからはそれぞれウィーン大学（二〇〇三）とバーゼル大学（二〇〇八）が交流協定校に加わった。二〇一四年の創立五〇周年とその記念シンポジウム「獨協大学とドイツ由来の教養理念――グローバル時代の人間形成と生涯学習を考える――」を機に計画されたヒルデスハイム大学との交流協定は、二〇一五年に発効、この段階でドイツ語圏の協定校は一〇校を数える。

ドイツ語圏の協定校の増加に伴って、ドイツの大学に留学する学生も増えて、その比率は、日本の大学の中でもかなり高いはずだ。さらに特筆すべきは、初等教育あるいは中等教育までの時期をドイツで過ごした学生、ドイツからのいわゆる帰国子女が獨協大学には多いことだ。ドイツとの深い縁はもちろんのこと、これらの学生のためにドイツ語既習クラスを編成するなど、手厚い指導体制もそうした学生を引きつけているのだろう。

六　獨協大学にヴィジュアル化されたドイツとの絆

二一世紀になると、ヴィジュアル化の時代を反映してか、ドイツとの関係が視覚的に見えるキャンパス整備が進む。その先鞭をつけたのは、桂太郎が導入したあのドイツ文字Dによる記章のデザインを現代化して、獨協大学の校章にしたことだろう。それは、獨協大学創立三五周年を祝った一九九九年のことだ。ここには、獨逸学協会学校時代からの伝統を翌年に迫った新世紀に相応しいかたちで活かそうとする姿勢が象徴されている――このように言ったら、深読みに過ぎるだろうか。

写真３　天野貞祐記念館（2007 年竣工）

キャンパス・デザインの主役である建物にも、ドイツ文化との絆が具現されている。獨協大学のランドマークとも言うべき中央棟の壁面上部には現代化された新しい校章のDが白地に青く浮き立つ。スクールカラーのブルーだ。二〇〇七年に竣工した天野貞祐記念館（写真３）の屋根を正面から見上げると、中央にガラスのドームがある。これは、ドイツ連邦

写真４　東棟（2010 年竣工）

共和国の首都ベルリンにある連邦議会議事堂（Reichstags-gebäude）の上にあるガラスの大ドームを思い起こさせる。ポストモダンの建築で言う「引用」なのだ。ベルリンのドームの内部にある螺旋回廊は市民に開放されており、透明のガラスとあいまって、議会の開かれた姿勢と市民の民主的な政治参加とを象徴していると言われる。それを示唆する天野貞祐記念館のドームは、近隣保育園の園児が遊ぶ開放的キャンパスで、地元自治体の草加市とも連携してオープン・カレッジを開講するなど、市民に開かれた獨協大学の姿勢を象徴するとも言えよう。

ベルリンを示唆する建物は、ほかにもある。東棟（写真４）がそれだ。二〇一〇年に完成したこの建物は、東側のグラウンドから見ると、手前に張り出した両翼の間に大階段が設置されて屋内に誘う。これは、ベルリンにあるペルガモン博物館が誇るペルガモン神殿の祭壇（Pergamonaltar）をポストモダン的にアレンジしているのだ。この祭壇が、小アジアの古代都市ペルガモンにあって紀元前二世紀に建てられた神殿の遺跡の復元であることを

写真５　獨協大学草創期のキャンパス（1967 年）

思い起こしながら、東棟のファサードを見ると、ドイツの学問を通じて、古代ギリシアに発する伝統に裏打ちされた西洋の学問を学ぼうとした獨逸学協会学校の歴史にも、思いを馳せざるをえない。きわめて現代的でありながら、ロマンをかき立てるのが、この東棟にほかならない。

獨協大学草創期の一九六七年のキャンパスを写す航空写真（写真５）を眺めてみると、右上に体育館と食堂が見え、左上のトラックまで確認できる。その先には、野球場があったという。これに対して、二〇一四年のキャンパスの写真（写真６）では、左側半分が、二〇〇七年に緑の人工芝で整備された運動場だ。そこには獨協大学の新校章のＤがあしらわれている。運動場の右半分の上に位置して薄いかまぼこ型の屋根をのせた建物は、創立三五周年の一九九九年に建設されたアリーナで、広い学生食堂も備えている。このように食堂も含めて左半分が体力を養う体育のエリアだとすれば、キャンパスの右半分には教室や図書館、研究室などを備えた建物群が配され、

写真６　獨協大学創立 50 周年のキャンパス（2014 年）

まさに知育のエリアだ。知育であっても、体育であっても、いずれも徳を養う機会でもあるから、キャンパス全体が徳育の場と言ってもよい。そうだとすれば、獨協大学の現キャンパスは、獨逸学協会学校初代校長の西周から引き継がれた三育の伝統を象徴しているとも解釈できそうだ。

ただ、西周の三育による全人教育の思想が、江戸時代から引き継いだ伝統的文武両道に依拠するのか、あるいはそこには、特にドイツで一九世紀にナショナリズムとも結びついて盛んだった体育振興運動、あの「体育の父」ヤーン (Johann Friedrich Ludwig Christoph Jahn, 1778–1852) に始まる運動の影響もあるのか、これについてはいまのところ不明だ。いずれにせよ、柔軟な知性と、善き意志と、それらを支える健康な身体とを目指して、「人間一生の仕事」としての「人間形成」に励むのが、獨協大学の建学の理念を二一世紀に活かす第一歩にちがいない。そのとき、獨協大学が多文化共生の世界の実現に向かおうとするなら、ドイツとの関係だけに目を奪われるのではなく、それを活かしつつ広くさまざまな文化に積極的にアプローチすべきことは当然だ。実際に獨協大学がそのような発展を遂げつつあることについて、今や四学部一二学科に加え、大学院九専攻と法務研究科を擁して、多岐にわたる学問分野に挑戦するとともに、学問の、そして人間形成としての教養の新しい可能性を開拓して行くその姿を見れば、疑問の余地はない(7)。

註

1 鈴木重貞『ドイツ語の伝来――日本独逸学史研究――』(教育出版センター)一九七五、四五頁参照。
2 以下、参照すべき写真を番号で記す。
3 獨協中学校・高等学校におけるドイツ語学習については、同校教務課から詳細な情報をいただいた。ここに記して謝意を表したい。
4 天野貞祐「獨協大学のねらい――学問を通じ人間形成の場に――」(『朝日新聞』一九六四年四月一日所収)
5 天野貞祐「わたしの大学像」(『天野貞祐全集』第5巻(栗田出版会)一九七〇、九九~一一〇頁所収)一〇三頁。
6 本書所収の諸論考のうち、とりわけ高橋輝暁の付論I「文化、学問、教養、人間形成――四概念の関係を概念史的に繙く――」(特に一九四~一九五頁)およびティルマン・ボルシェ「人間形成としての教養――豊かな伝統をもつ将来的課題」と高橋輝暁「これまでの、そして、これからの人間形成としての教養――グローバル化と多文化共生の時代のために――」も参照。
7 本論に記した歴史的データについては、特に注記した箇所を除いて、次の文献による。
(1)獨協学園百年史編纂委員会編著『獨協學園史 1881–2000』(獨協学園)二〇〇〇。
(2)『獨協大学五十年史』編纂委員会編『獨協大学五十年史』(獨協学園獨協大学)二〇一六。

あとがき

高橋輝暁

獨協学園創立一三〇周年を迎えた翌年の二〇一四年には、獨協大学が創立五〇周年を祝うことになっていた。その記念事業の一環として公開シンポジウム「獨協大学とドイツ由来の教養理念――グローバル時代の人間形成と生涯学習を考える――」が企画される。当初は獨協大学の建学の理念をテーマに外国語学部ドイツ語学科の小規模な国際会議を考えていた。ところが、国際教養学部でも類似の構想があるというので、両者が共同で立案することになる。

国際教養学部から浅山佳郎教授がこの企画のパートナーとして加わったことは、大きな力となった。日独文化関係史の研究にも手を染めていたので、獨逸学協会から獨協学園、そして獨協大学創立までの歴史についても以前に調べてはいた。とはいえ、学内の事情に全く疎い私は、ことあるごとに浅山教授に相談した。浅山教授の尽力で、同じ国際教養学部の松丸壽雄教授（現在は名誉教授）が獨協大学創立者天野貞祐の思想に詳しい哲学者として参加してもらえたのも、幸いだったと言える。ドイツ哲学はもとより、東洋哲学にも明るい同教授の参加なくしては、この企画が本書に見るような充実した内容になったとは思えない。

同じことは、東京大学大学院総合文化研究科・教養学部から招かれた斉藤渉准教授についても言える。東京大学教養学部と言えば、国立大学にあって教養理念と教養教育のメッカとも言うべき存在だ。とりわけ教養教育の経験が豊富でドイツの大学論にも通じた同准教授による学外からの視点には、少なからぬインパクトがあった。もちろん、ドイツ出身で滞日が数十年に及ぶエルンスト・ロコヴァント元東洋大学教授のほか、ドイツのヒルデスハイム大学からティルマン・ボルシェとロルフ・エルバーフェルトの両教授、ハンガリーのペーチ大学とフィンランドのタンペレ大学からそれぞれゾルターン・センディ教授とエーヴァルト・ロイター教授の参加がなかったら、そもそもこのように広い国際的視野で人間形成としての教養を論じることは、できなかったはずだ。

国際専門家会議とそれに続く公開シンポジウムを日本語とドイツ語の二言語で進められたのは、もっぱら、きわめて優秀な日独語の通訳チームに負う。獨協学園出身で通訳の段取りの一切を担当した中山純慶應義塾大学教授は、日独同時通訳の第一人者だ。同じく同時通訳としても日独学術交流を支える相澤啓一筑波大学教授と浜崎桂子立教大学教授を加えて、三者の息の合ったチームワークなくしては、あのように充実した討論にはならなかったにちがいない。事実、国際専門家会議でも、公開シンポジウムでも、通訳チームに対する賛辞が、多くの参加者から寄せられた。

三日間に及ぶイヴェントの開催は、多くの関係者の協働作業だった。多忙の中、公開シンポジウムに出向いて開会の挨拶を述べ、シンポジウムの最後まで付き合った犬井正獨協大学学長、そして、駐日ドイツ大使館を代表して来校のうえ、祝辞をいただいたアンドレア・フィンケン女史には、ここに改めて感謝したい。国際専門家会議から公開シンポジウムまで、ハードなプログラムに全力投球を惜しまなかった講演者と通訳チームには、どんなに感謝しても足りない。もちろん、国際専門家会議に参加してくださった研究者の皆さん、そして、公開シンポジウムにお出でいただいた多くの参加者の皆さん、建設的なご意見をいただき、また、真剣に耳を傾けてくださり、ありがとうございました。

国際専門家会議と公開シンポジウムを開催し、その成果を刊行するという欲張ったプロジェクトを推進するにあたって、その計画の当初から今日まで、獨協大学の事務方には、全面的にお世話になった。湯谷康史総務部長（二〇一四年当時は総合企画課長）と朝倉将彦総合企画課長（二〇一四年当時は同課長補佐）はもとより、総合企画課をあげて、いつも暖かい援助の手が差しのべられた。その背後には、山路朝彦副学長、黒田多美子外国語学部長（二〇一四年当時）、公開シンポジウムで閉会の辞も引き受けた飯島一彦国際教養学部長（二〇一四年当時）らの直接的支援のほか、関係各位の見えざる手による協力もあったにちがいない。これらは、忘れがたい思い出として、感謝の気持ちとともに私の心にいつまでも残るだろう。会議運営の裏方で助けてくれた当時のドイツ語学専攻大学院生たちへのお礼とあわせて、ここで関係各位に衷心より感謝の念を伝えたい。

本書の刊行についても、執筆者と翻訳者の各位には謝意を表明しなければならない。翻訳原稿の作成にあたっては、通訳チームだけでなく、国際専門家会議に参加した大田浩司帝京大学講師にも協力を仰いだ。同じくここに記して感謝したいのは、現役の獨協大学ドイツ語学専攻大学院生として本書の校正作業を手伝ってくれた丸山達也さんと清沢菜穂さんの両俊才だ。また、国際専門家会議と公開シンポジウムの開催費用に加えて、本書の出版費用の全面的補助についても、獨協大学と関係各位に謝意を表する。

末筆ながら、さまざまな無理を通していただいた春風社の皆さん、とりわけ、企画段階では石橋幸子さんと岡田幸一さんに、編集の実務では横山奈央さんにお世話になった。ここに記して、心から感謝いたします。

二〇一八年二月二〇日

高橋輝暁

執筆者および訳者のプロフィール（五十音順）

〈執筆者〉

浅山　佳郎（あさやま・よしろう）（獨協大学国際教養学部言語文化学科教授）
主な研究領域は日本語学、日本漢学、談話分析で、研究対象は、現代日本語から、明治初期の『明六雑誌』の漢文訓読文の分析、伊藤仁斎など近世の日本漢詩にも及ぶ。中国ハルビン工業大学での日本語講師の経験を踏まえ、国際的日本語教育にも造詣が深く、異文化体験を活かした日本語研究者として本学の国際化を担う。獨逸学協会の歴史にも明るく、獨協大学の建学理念の活性化に尽力する。

斉藤　渉（さいとう・しょう）（東京大学大学院総合文化研究科・教養学部准教授）
教養主義の牙城だった旧制第一高等学校を引き継ぐ東京大学教養学部ではドイツ語教育も担当。研究分野は、ドイツ語教育のほか、ドイツ思想史、言語哲学、コミュニケーションに関する歴史と理論、日本とドイツの大学史など。カントやヤスパースの大学論のほか、一九世紀以降の大学のモデルともなったベルリン大学の創設者ヴィルヘルム・フォン・フンボルトの教養思想についても詳しい。

高橋　輝暁（たかはし・てるあき）（獨協大学外国語学部ドイツ語学科特任教授／立教大学名誉教授）
研究分野は、ドイツ語圏の文学と哲学、日独比較対照文化、人文学と教養の歴史と理論など。日本独文学会会長のほか関連学会の役員を歴任、現在は日本ヘルダー学会の会長。日本のドイツ文化研究の国際化に取り組み、多文化共生が求められるグローバル化時代に相応しい人文学と教養論の構築に腐心する。立教セカンドステージ大学でシニアの生涯学習も指導して、シニアの教養論を説く。

松丸　壽雄（まつまる・ひさお）（獨協大学国際教養学部言語文化学科名誉教授）
宗教哲学、近代日本思想史、西洋哲学と東洋思想との比較研究を中心に国際的に活動する哲学者。ハイデガー、ヤスパースなど二〇世紀のドイツ哲学、鈴木大拙のほか、西田幾多郎など京都学派の哲学を研究、天野貞祐にも詳しい。科学的真理とは異なる「直接知」による真理を探究。日本宗教学会や西田哲学会の理事を歴任した。現在は、ドイツのデュッセルドルフにある恵光センター恵光寺の僧侶。

ロルフ・エルバーフェルト Rolf ELBERFELD（ヒルデスハイム大学哲学科教授）
京都大学での留学経験を有する日本語に堪能な哲学者。ドイツにあって西田幾多郎の哲学に異文化理解の思想を読み取る独自の解釈で知られ、道元の時間思想を比較哲学の観点から分析して異文化間哲学の方法論を確立する。東洋的思考から西洋哲学を改造する新たな哲学の可能性を探究しつつ、西田幾多郎の『場所の論理』や道元の『正法眼蔵』など、日本思想のドイツ語訳も手がける。

ゾルターン・センディ Zoltán Szendi（ペーチ大学ドイツ文学科名誉教授）

トーマス・マンやリルケをはじめとするドイツ語圏文学の分野でハンガリーの指導的研究者。旧オーストリア＝ハンガリー帝国で形成された中欧ドイツ語文化圏を視野に、異文化間の相互作用を解明する研究プロジェクトも推進した。ハンガリーにあってキリスト教、ユダヤ教、イスラム教が重層する多文化都市ペーチで、ソ連崩壊後の一九九〇年代から大学改革の現場を体験してきた。

ティルマン・ボルシェ Tilman Borsche（クザーヌス大学教授／ヒルデスハイム大学哲学科名誉教授）

ドイツにあって、概念史、言語哲学、文化哲学、思考形式の哲学を論じ、ヴィルヘルム・フォン・フンボルト研究の権威。東洋の、特に日本の思想的伝統に西洋にはない独自の哲学を認め、多文化世界における異文化理解の哲学を推進する。ニコラウス・クザーヌス研究の第一人者でもあり、ドイツにはめずらしい私立大学としてのクザーヌス大学の設立に参画、現在も哲学を講じている。

エーヴァルト・ロイター Ewald Reuter（タンペレ大学ドイツ言語文化学科教授）

主要研究領域はテクスト言語学、応用言語学、メディア言語学、異文化間コミュニケーション論、文学社会学など多岐にわたる。フィンランドとドイツの文化交流史にも詳しく、フィンランドでドイツ語とドイツ文化を教授してきた。ドイツ語教授法の研究でも国際的に知られ、国際的学術年誌『外国語としてのドイツ語』の共編者。国際的視野から、大学教育の現代的あり方を批判的に考察している。

〈訳者〉

相澤　啓一（あいざわ・けいいち）（筑波大学人文社会系教授）
研究分野は、ドイツ文学、現代ドイツの社会と文化、ドイツ語教育、日独文化関係史、日独翻訳・通訳論など、その幅はきわめて広い。ドイツを常に異文化として捉え、ドイツ語による論文執筆を通じて、ドイツとの学術的異文化コミュニケーションを実践する。日独語の同時通訳を含む通訳活動と、それに基づく通訳養成論とをもって、日独通訳の分野で指導的役割を果たしている。

大田　浩司（おおた・こうじ）（帝京大学外国語学部ドイツ語コース専任講師）
ヘルダーリンの詩と思想およびその時代のドイツ観念論哲学を中心とする研究は、文学と哲学の間を自在に往復する。一八世紀ドイツにおける人間形成としての教養の思想を、ゲーテと並び称されるシラーらの美的教育論の文脈で論じるとともに、その日本における受容史も研究。ドイツでのコミュニケーションとメディアの関係史に関心を示すほか、ドイツ語の学術論文の和訳も手がける。

高橋　輝暁（たかはし・てるあき）〈執筆者〉欄を参照。

中山　純（なかやま・じゅん）（慶應義塾大学名誉教授）
ドイツ語学、ドイツ語教育を専門とする。草創期の放送大学では、客員助教授として、そのドイツ語教育の確立に貢献した。一般教育と語学教育との関係や、語学教育での映像活用の問題から通訳の理論と実践、ドイツにおける日本像までを論じ、ドイツ語教科書の執筆や日独語の辞書の編纂にも携わる。獨協学園出身で、日独語の同時通訳界の第一人者として、学術分野の通訳実績も多い。

浜崎　桂子（はまざき・けいこ）（立教大学異文化コミュニケーション学部教授）

文学や映画などの文化表象における他者の描かれ方の歴史と現在について、文化学の視点から研究しており、女性、異民族、移民などのイメージを分析してきた。とりわけドイツの移民文学に注目して、書かれる側から書く側となった移民が、他者としてホスト社会を多文化共生社会へと変えて行く可能性を日独両言語で論じる。国際会議などで、通訳として日独の異言語コミュニケーションの橋渡し役も果たす。

人間形成としての教養
――ハンガリー、フィンランド、日本におけるドイツ的理念の受容と将来展望――

二〇一八年三月二九日　初版発行

編者　高橋輝暁　たかはし・てるあき

発行者　三浦衛
発行所　春風社　Shumpusha Publishing Co.,Ltd.
横浜市西区紅葉ヶ丘五三　横浜市教育会館三階
〈電話〉〇四五・二六一・三一六八　〈FAX〉〇四五・二六一・三一六九
〈振替〉〇〇二〇〇・一・三七五二四
http://www.shumpu.com　✉ info@shumpu.com

装丁　長田年伸
印刷・製本　シナノ書籍印刷株式会社

ISBN 978-4-86110-596-8 C0010 ¥2000E